人人伽利略系列 38

上通天文下知地理！
博覽地球科學知識

國中・高中地科

人人出版

人人伽利略系列38

上通天文下知地理！博覽地球科學知識

國中・高中地科

探索陸地、大氣、海洋以及宇宙動態變化的「地球科學」

主要在國中理化及高中的「基礎地科」會學到的知識

- 地球的形狀與大小
- 地球內部的層狀結構
- 地殼與地函

- 震度與規模
- 火山岩與深成岩
- 板塊隱沒

高中「地科」的單元

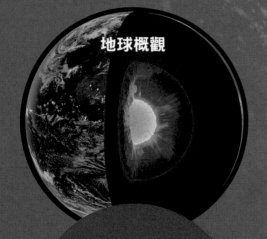

地球概觀

地球的活動與歷史

地球的形狀

瞭解地球的大小及其形狀等。地球並非完美球體，在赤道附近略寬。而且地球是個很大的磁鐵，產生的磁場稱為地磁。地磁方向在過去反轉過許多次。

地球的活動

學習「板塊構造學說」，瞭解巨大地震與火山噴發的原因，以及覆蓋地球表面之「板塊」的運動。也會討論到火成岩、凝灰岩等岩石的分類方式。

地球內部

學習「地核」、「地函」、「地殼」等地球內部結構，以及各層的成分差異。我們可以透過地震波傳播情況的差異來研究地球內部結構。

地球歷史

學習「風化」、「侵蝕」等形成各種地形的作用。由地層中的化石，可以瞭解恐龍等古生物到現生生物的生命史概況。

以下是高中「地科」會學到的內容。地球是我們生活的地方，「地球科學」的研究對象包括地球內部，表面的陸地、大氣、海洋，以及宇宙的動態變化。地科的研究主題如地震、火山、氣象等自然現象，對地球環境及我們的生活有很大影響。

臺灣108課綱期望透過觀察、思考、運算與理論推導，培養學生建立科學性、系統性的思考方式；在此基礎之下，運用較複雜的科學模型及設備，規畫、執行完整的科學探究計畫。進而理解科學發展、對社會的貢獻及限制，學習欣賞科學之美，主動關心環境議題並理解地球公民責任，為未來發展做準備。

濕度與飽和蒸氣壓

天氣圖的判讀

各式各樣的雲

地球的自轉與公轉

月亮的盈虧

行星

地球的大氣與海洋

宇宙的結構

大氣的結構與運動

學習地球的大氣結構與大氣的運動方式，運用理解各種大氣現象，特別是檢討、解釋臺灣四季特徵的天氣現象。

太陽系

學習地球所處之太陽系的行星、小行星、彗星等各種天體的特徵、運動方式，以及從地球對其的觀察等，理解太陽的結構及其活動。

恆星與星系

「恆星」是指太陽這種可自行發光的天體。學習恆星顏色與溫度的關係、從誕生到消亡的變化。另外，也會簡單介紹太陽系所屬的銀河系結構與構成天體等。

海洋與海水的運動

學習海水的成分及其運動，進而理解海洋對地球氣候的影響，秘魯近海的海水溫度比平常高了許多，稱為「聖嬰現象」，會對世界各地的氣候產生很大影響。

星系與宇宙

學習不同形狀的星系分類、星系活動情況，也會提到宇宙正在膨脹，並說明「大霹靂」理論，瞭解宇宙整體的演化歷史及其未來發展。

註：根據日本2021年的學習指導要領繪成

覆蓋地球的「板塊」運動時
會發生巨大地震或火山噴發

我們腳下的大地並非固定不動，雖然緩慢卻一直在移動。大地的運動會引發各種動態的地球活動，譬如地震、火山噴發等。

地球內部結構依其成分，由外而內依序為地殼（crust）、地函（mantle）、外核（outer core）、內核（inter core）（右頁下圖）。大部分的地函與外核溫度極高，呈流動狀。地函最上部（頂部）與地殼則已冷卻固化。這個固態的岩石層（地殼＋地函最上部）合稱為「板塊」（plate）。

地球由十幾個板塊覆蓋著，板塊的厚度約為100公里，且每年會以數公分左右的速度往不同的方向移動。板塊間的邊界包括**板塊隱沒到另一個板塊下的「海溝」（trench），以及板塊誕生**

板塊的移動鑿刻出宏偉的地形

照片為冰島辛格韋德利（Thingvellir）國家公園的大地裂縫。海底的中洋脊是新板塊誕生的地方。辛格韋德利國家公園在北美板塊與歐亞板塊的交界處「大西洋中洋脊」的正上方。中洋脊兩邊的板塊會以中洋脊為中心往兩側拉開，形成照片般的大地裂縫，稱為裂谷（rift valley）。原本只能在海底看到的動態裂谷出現在地面上，讓辛格韋德利國家公園成為世界上極少數中洋脊露出地面的地方。

處的「中洋脊」（mid-ocean ridge）。巨大地震與火山噴發會發生在這些地方附近。

板塊會順著地球內部的「對流」移動

板塊移動的驅動力為地球內部的熱。地下越深的地方，溫度越高。地球核心（內核）的溫度高達6000℃左右。46億年前，在許多小天體的碰撞下，形成了原始地球，而這些小天體的動能轉變成了熱能，儲存在地球內部。此外，鈾等放射性物質會放出輻射，並轉變成其他元素（衰變），此時釋放的熱也會提升地球內部的溫度。

我們無法直接看到地球內部的樣子。但根據地震時地球內部傳出的波（地震波），可以研究地球內部的情況。由此得知地函深處存在上升流，以非常緩慢的速度上升；地表附近則有往下沉的下降流。

有這種「對流」代表地函會把地球內部的熱能運送至外部，而板塊會在對流的推動下緩緩移動。「板塊構造學說」（plate tectonics）便是用板塊的移動來說明地震、火山等現象。

水星、金星、火星等行星與地球一樣擁有由岩石構成的固態地面。不過，目前仍未觀察到地球以外的行星有板塊移動的現象。

地球內部結構

地殼
最表面的岩石層

地函
主要由矽酸鹽構成的岩石

外核
主成分為鐵的熔融態金屬

內核
主成分為鐵的固態金屬

1 我們居住的地球

我們誕生、成長、居住的地球，現在仍持續活動著。我們看到的地震、火山，皆為地殼變動現象。但是既看不到也摸不著的地球內部，究竟是長什麼樣子呢？「地球科學」就是為了解答這個問題而誕生的科學領域。進入20世紀後，人們對地球內部的理解急速提升。本章將以板塊構造學說來說明大地的樣貌如何變化，並闡明地球的各種活動。

溫度壓力高達400萬大氣壓6000℃的地球中心

地球的內部結構大致上分成地殼、地函、地核這三層結構。地表到地球中心的距離約為6300公里，其中地核約占了3400公里，其外側覆有2900公里厚的地函，地函外則是數十公里厚的地殼。

如果把地球比喻成一顆水煮蛋，那麼蛋黃相當於地核，蛋白是地函，薄薄的蛋殼則是地殼。其中，地函可再分成上部地函與下部地函，地核可再分成外核與內核。這些內部結構中，只有外核呈液態。

以人類目前的力量，只能勉強鑽穿地殼最薄的地方，抵達地函最上部。也就是說，從來沒有人實際看過地球深處的結構。

不過，分析墜落至地球的隕石、地震波的傳播方式後，可以精準推測出地球深處的組成與壓力。另一方面，儘管很難直接推測地球內部的溫度是多少，仍可以模擬地球內部環境，將地函物質或地核物質置於高壓高溫下，進行超高壓實驗以推測地球內部溫度。話雖如此，相較於壓力，溫度的不確定性更大。

根據至今的研究結果，**地殼、地函主要由岩石構成，主成分為二氧化矽。地殼中有55%是二氧化矽，地函中有45%是二氧化矽。相對於此，地核中則有90%是鐵。**

地球中心部分的壓力約400萬大氣壓，溫度達6000℃。地球內部的壓力與溫度會隨著深度而連續性地增加。在地函及地核內，密度會隨著壓力增加而緩慢增加；不過在地函與地核的交界處，由於物質從岩石轉變成鐵，所以密度也一口氣變成了2倍左右。

深度3000公里的地方壓力超過100萬大氣壓

由隕石可推測的地球內部的化學組成、由地震波可推測其密度，如此便可求得地球內部某處的結構與壓力。壓力可由地核與地函邊界的上升率求得。壓力的上升率在地函與地核之間有明顯變化，因為地函由密度較小的岩石構成，地核的主成分則是密度比岩石大很多的鐵、鎳等金屬。另外，地函上下有兩個較陡的溫度梯度，是由地函對流形成的「熱邊界層」（thermal boundary layer）。

深度
（公里）
0

700

2900

5100

6300

地殼
由岩石構成，主成分為二氧化矽。

上部地函
由岩石構成，主成分為二氧化矽。

下部地函
由岩石構成，主成分為二氧化矽。

外核
液態金屬合金，主成分為鐵。

內核
固態金屬合金，主成分為鐵。

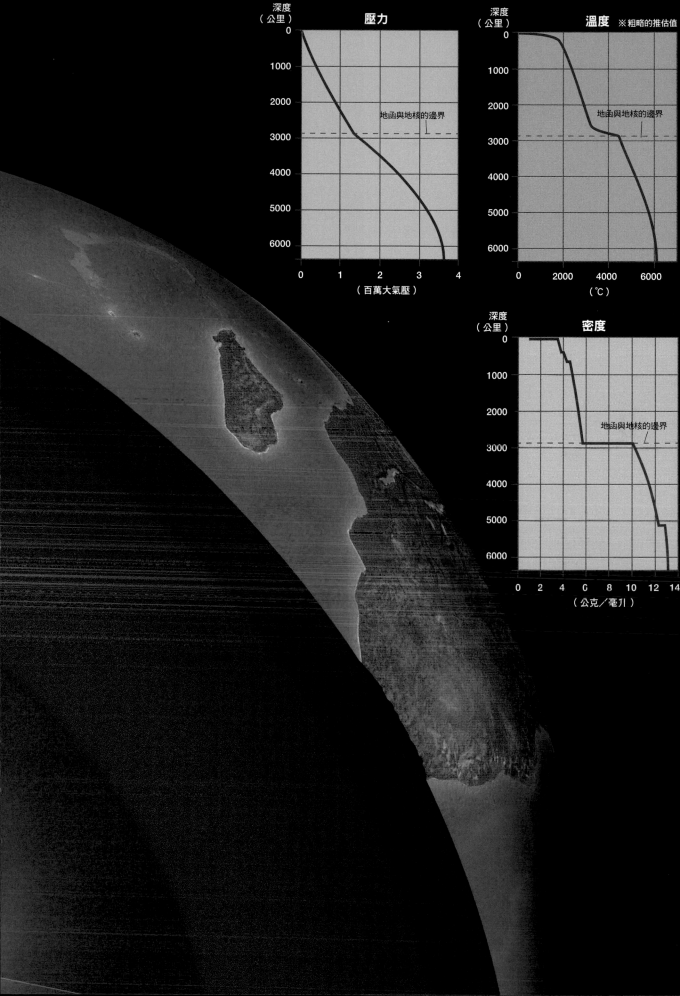

壓力

深度
（公里）

地函與地核的邊界

（百萬大氣壓）

溫度 ※粗略的推估值

深度
（公里）

地函與地核的邊界

（℃）

密度

深度
（公里）

地函與地核的邊界

（公克／毫升）

內部的熱讓地函緩慢運動

1980年代以後，隨著「震波層析成像」（seismic tomography）的發展，科學家得以用地震波「透視」地球內部的三維結構。結果偵測到了從地函（體積占地球80%以上的岩石層）深處衝向地表的上升流，以及從地表往下潛的下降流。兩者在地函內形成「對流」（convection），將地球內部的熱往外送。

一般而言，較熱物體的密度較低且輕，較冷物體的密度較高且重。因此，空氣或水等易流動的物質（流體）一旦產生溫度差，高溫部分就會往上移動、低溫部分往下移動。**這種由上升流與下降流構成的現象，稱為「對流」。**當溫度差不大時，熱會直接在流體內移動，流體本身則不會運動。但是當溫度差很大時，流體本身就會移動，以提高傳導熱的效率。

地球內部的溫度最高可達6000℃，地表的溫度卻與氣溫、海水溫度相近。所以**地函會產生對流，將地球內部的熱往外部運送。**目前，地球從地表放出的熱約為42兆瓦（terawatt）。

現在的地函幾乎可視為固態岩石。當地震這類急遽而短暫的力量作用時，地函會表現出固態物質的特性。不過在高溫高壓環境中、極長的時間尺度下，可將地函視為會產生對流的流體。對流的速度十分緩慢，一年大概只會移動1～10公分左右。

地球內部的對流

本頁插圖是依據震波層析成像得知的地球內部對流情況繪成（地函的部分越偏黃色則溫度越高，越偏褐色則溫度越低）。已知在日本的地下，較冷的板塊會沿著日本海溝往下隱沒；而在非洲大陸與南太平洋底下，則有大型的熾熱上升流。此外，地球各處也存在著各種上升流及下降流。

何謂震波層析成像

震波層析成像是一種透過地震波「看見」地球內部結構的技術，就像使用X射線的醫療用電腦斷層掃描一樣。就同一物質而言，壓力越高或者溫度越低，地震波的傳播速度就越快。因此，震波層析成像中，如果深度相同（壓力相同）的地方地震波傳播速度不同，那麼速度較快者溫度較低且重，會往下沉；速度較慢者溫度較高且輕，會往上升。

鍋中的對流

鍋子底部的水受熱後會膨脹變輕而上升。水面的冷水比底下的熱水重，故會下沉，將熱水往上推。

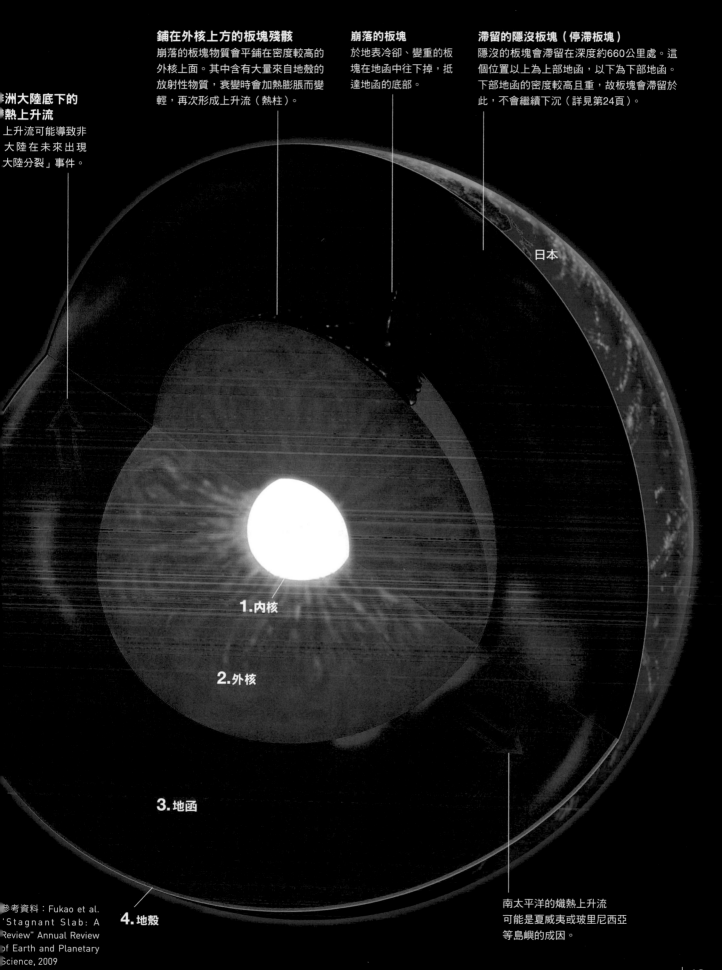

鋪在外核上方的板塊殘骸
崩落的板塊物質會平鋪在密度較高的外核上面。其中含有大量來自地殼的放射性物質，衰變時會加熱膨脹而變輕，再次形成上升流（熱柱）。

崩落的板塊
於地表冷卻、變重的板塊在地函中往下掉，抵達地函的底部。

滯留的隱沒板塊（停滯板塊）
隱沒的板塊會滯留在深度約660公里處。這個位置以上為上部地函，以下為下部地函。下部地函的密度較高且重，故板塊會滯留於此，不會繼續下沉（詳見第24頁）。

日本

洲大陸底下的
熱上升流
上升流可能導致非
大陸在未來出現
大陸分裂」事件。

1.內核

2.外核

3.地函

4.地殼

參考資料：Fukao et al.
'Stagnant Slab: A
Review" Annual Review
of Earth and Planetary
Science, 2009

南太平洋的熾熱上升流
可能是夏威夷或玻里尼西亞
等島嶼的成因。

地球的表面覆有十幾個板塊

地球的表面並非是由單一板狀物所覆蓋。包裹著地球的堅硬岩板大致可分成十幾塊。

這些岩板稱為「板塊」。

板塊由地函最上部及其上方的地殼組成。 海洋板塊厚度約在100公里以下，其中又以中洋脊附近的板塊最薄。另一方面，在大陸區域有較厚的大陸地殼，因此板塊厚度可達100公里以上。

板塊在中洋脊誕生，以每年數公分的速度移動。 舉例來說，構成太平洋大部分海底的

歐亞板塊

阿拉伯板塊

非洲板塊

印澳板塊

南極板塊

板塊邊界

圖為覆蓋整個地球表面的板塊邊界。紅線為板塊邊界，箭頭表示板塊的移動方向。粉色部分為板塊隱沒的「隱沒帶」（subduction zone）。最古老的板塊，年齡可達2億歲左右。

太平洋板塊，就是由東太平洋隆起（East Pacific Rise）生成，並逐漸往西推移，然後在馬里亞納海溝等地隱沒至地球深處。因此，若是我們測量太平洋板塊的年代，可知越靠近東太平洋隆起的部分就越新，越靠近馬里亞納海溝的部分就越老。

年代最古老的地方是在約2億年前的侏儸紀生成。換言之，馬里亞納海溝或日本海溝附近的板塊，是經過2億年的時間從東太平洋隆起移動過來。

為什麼板塊會移動呢？

板塊的移動可視為冷卻地球的全地函對流運動在地表的作用。一般認為，海溝處的板塊隱沒至地球深處時，會憑自身重量拉動整個板塊移動。隱沒的板塊經海水冷卻後會變重，相當於地函對流的下降流。不過也有人認為，地函對流與板塊運動並非單純的對應關係。

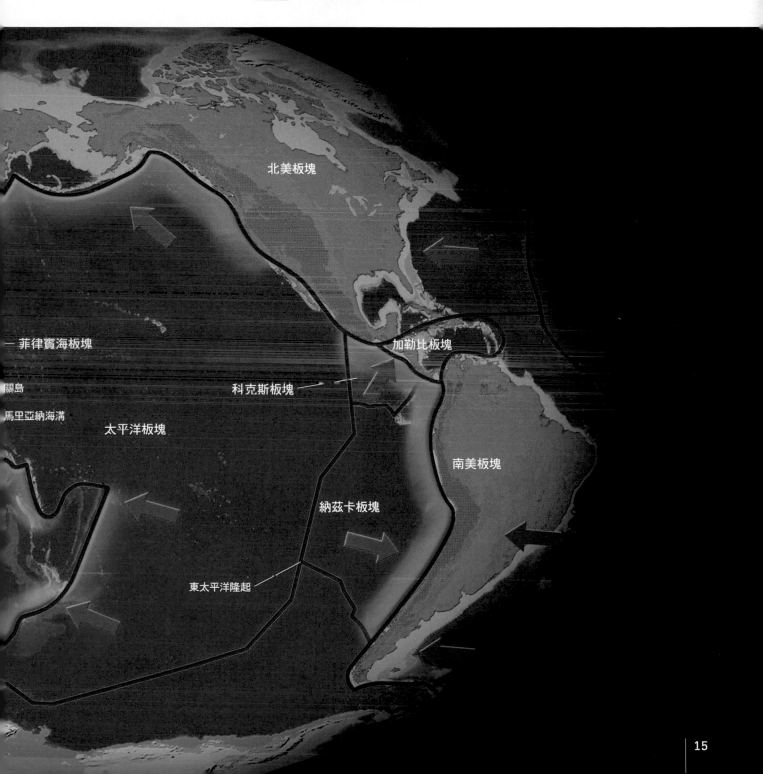

北美板塊

菲律賓海板塊

加勒比板塊

關島

科克斯板塊

馬里亞納海溝

太平洋板塊

南美板塊

納茲卡板塊

東太平洋隆起

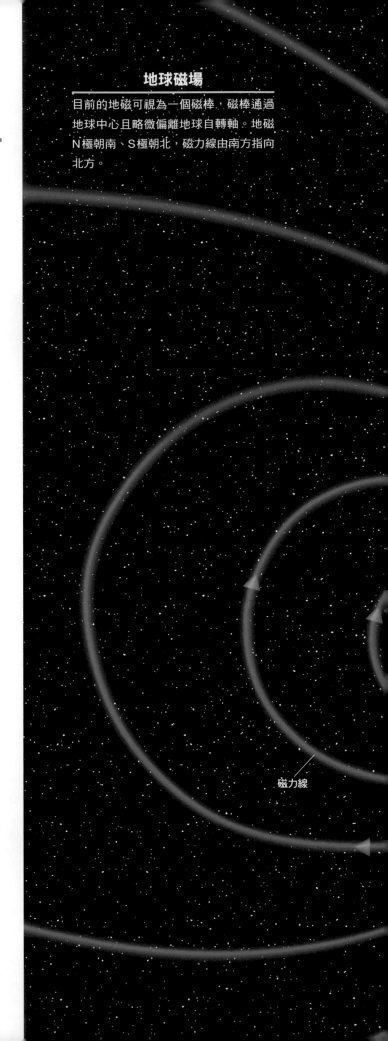

地球磁場

目前的地磁可視為一個磁棒，磁棒通過地球中心且略微偏離地球自轉軸。地磁N極朝南、S極朝北，磁力線由南方指向北方。

磁力線

地球的磁場

地球是個巨大的磁鐵

地球的內部結構中，只有外核是液態。由高溫液態金屬構成的外核並非停滯不動，而是有著活躍的熱對流運動。

這個液態金屬的對流會產生地球磁場。持有羅盤時，可看到磁針N極指向北方、S極指向南方，這就是地球磁場造成的現象。

地球磁場與磁棒產生的磁場相似。兩個磁鐵的N極或兩個磁鐵的S極會互相排斥，N極與S極則會互相吸引。假設地球磁場是由位於地球中心的磁棒產生，那麼該磁鐵的N極朝南、S極朝北，且磁鐵的軸稍微偏離了地球自轉軸。**這個磁棒的延長線與地表接觸的點，稱為「地磁極」（geomagnetic pole）。**

地球磁場每年都有些微變化，地磁極的位置也會跟著改變。依照古地磁學的研究結果，數億年前地磁極在現在的赤道附近。**另外，已知位於地球中心產生地磁的磁棒，大約每隔數十萬年就會反轉一次方向。**在地球的歷史中，已發生過數百次、數千次的地磁反轉事件。而且，除了反轉過程之外，這個磁棒的磁極通常都很接近地理上的南北極。2010年時，地磁北極位於北緯80.0度、西經72.2度，在格陵蘭西北部。

地球磁場最重要的「功能」在於，遮擋對生物有害、來自太陽的「太陽風」（solar wind），以及各種宇宙射線。地球磁場可以阻礙這些射線抵達我們生活的地表（障壁效應），這層障壁叫作「磁層」（magnetosphere）。

太陽風是太陽釋放出來的帶電粒子，對生物有害。因為有地磁層的遮蔽，所以太陽風不會直接降至地表。不過，部分太陽風會沿著磁力線流動到地球的極區。此時，太陽風與大氣粒子相撞發光，就會產生極光現象。

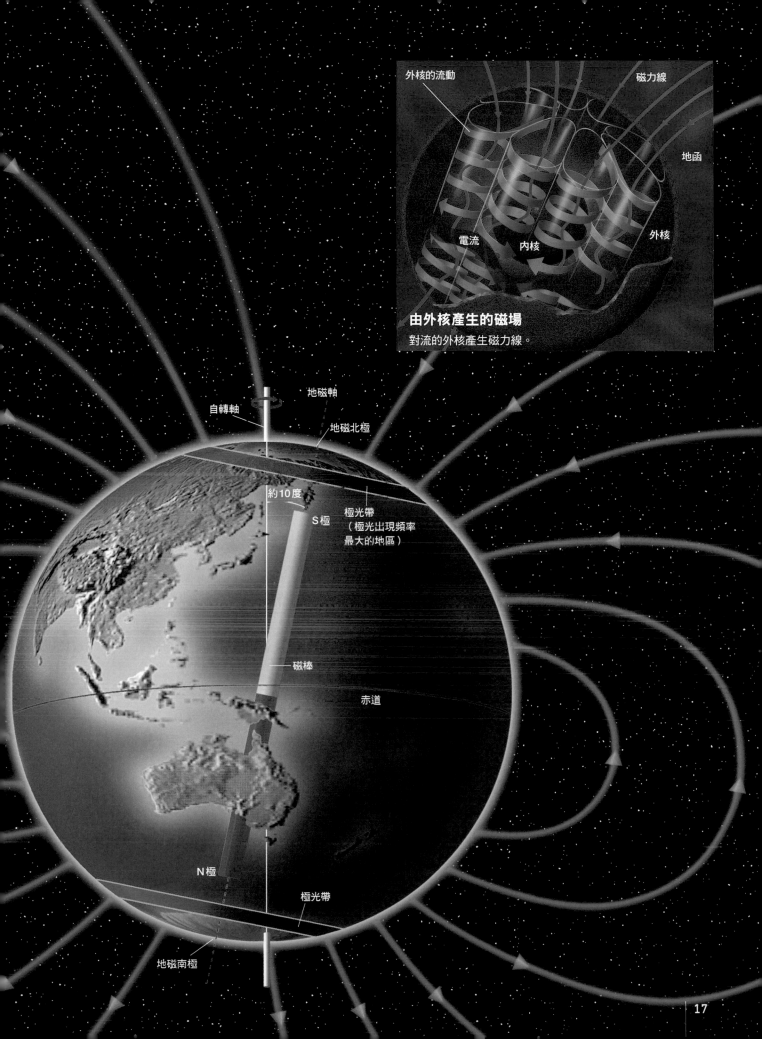

外核的流動　　　　　　　磁力線

地函

電流　　内核　　外核

由外核產生的磁場
對流的外核產生磁力線。

地磁軸

自轉軸

地磁北極

約10度

S極

極光帶
（極光出現頻率
最大的地區）

磁棒

赤道

N極

極光帶

地磁南極

地球上所有大陸
曾經集中在一起

首位發現板塊在移動的人，是德國氣象學家韋格納（Alfred Wegener，1880～1930）。1910年某天，看著世界地圖的韋格納注意到了一件事。

他發現南美大陸東岸的海岸線與非洲大陸西岸的海岸線形狀十分相似。那麼，這兩個大陸是不是能像拼圖一樣拼起來呢？

證明過去只有
單一大陸的方法

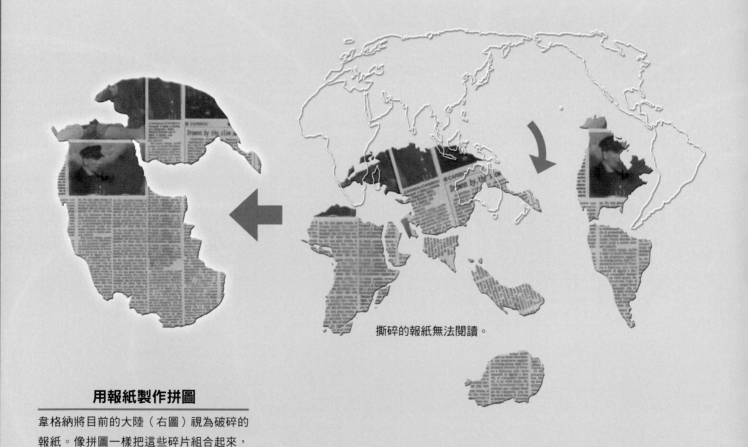

撕碎的報紙無法閱讀。

用報紙製作拼圖

韋格納將目前的大陸（右圖）視為破碎的報紙。像拼圖一樣把這些碎片組合起來，即可復原成能夠閱讀的報紙（上圖）。

為了證明大陸正在移動，韋格納蒐集了許多證據，其中一個與蝸牛的分布有所關聯。庭園蝸牛（garden snail）分布於北美東海岸，以及從德國到英國的歐洲地區。

蝸牛不會游泳渡海，所以庭園蝸牛這樣的分布可作為兩個大陸曾經相連的證據。

韋格納在1912年以庭園蝸牛的分布、冰川的分布等100多項證據為根據，發表了「大陸漂移說」（continental drift），說明了地球上所有的大陸曾經聚集在一起。

不過，韋格納為了證明大陸漂移的驅動力，在探險過程中不幸身亡，大陸漂移說亦逐漸式微。直到1960年代以後，古地磁學研究與地函熱對流論的發展，才讓大陸漂移說再次受到矚目。

庭園蝸牛（→）
黃綠色部分為約3億年前便已存在的庭園蝸牛棲息區域，顯示北美與歐洲曾彼此相連。

（歐亞大陸）

（北美大陸）

（非洲大陸）

（南美大陸）

（印度次大陸）

水龍（*Lystrosaurus*）
生存於約2億年前，體長約1公尺的動物。其身體無法長距離游泳，世界各地卻都有出土它的化石。

（南極大陸）

（澳洲大陸）

冰川的分布
藍色圓形為冰川的分布。冰川刮過大地後會留下痕跡。韋格納注意到，在澳洲、巴西、南非等世界各國都有發現這些冰川遺跡。

大陸漂移說

韋格納蒐集了動物、植物、冰川、地形、岩石分布等多種證據，證明了超大陸（super continent）盤古大陸的存在（不過目前超大陸一詞並沒有嚴格定義。凡是「由目前地球上多個大陸聚集而成的大陸」，本書皆稱作超大陸）。

板塊運動是
地表動態活動的原因

板塊的移動方向各異，而板塊邊界可分成三大類型：張裂型板塊邊界（divergent plate boundary）、聚合型板塊邊界（convergent plate boundary）、錯動型板塊邊界（transform fault boundary）。

其中，生成板塊的中洋脊是張裂型板塊邊界。中洋脊的板塊張裂時，地函會上升，填滿裂縫。

上升的地函冷卻後，就成了新板塊。這些上升的地函物質會因為壓力下降，出現部分熔融的情況而形成岩漿。當這些岩漿上升到板塊表面，被海水冷卻、固化，

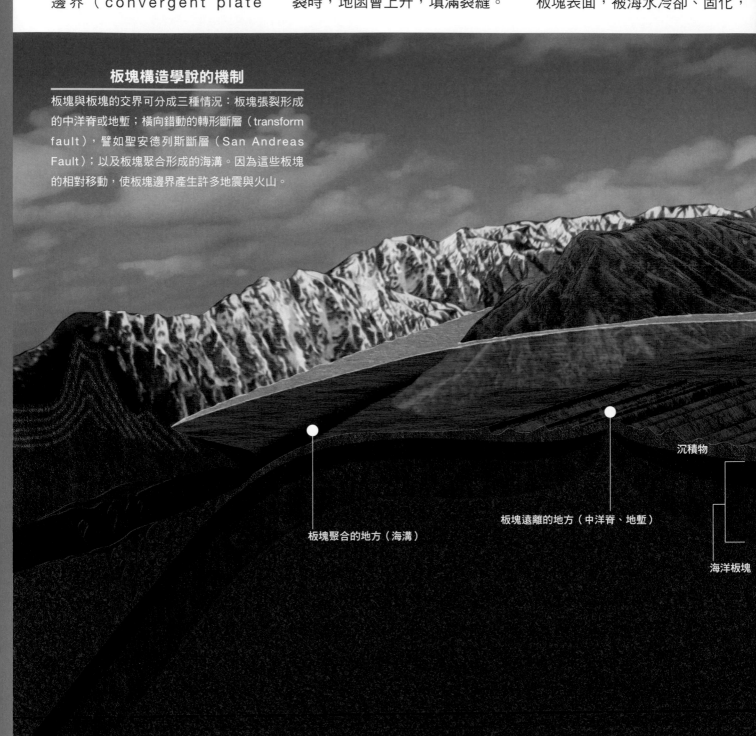

板塊構造學說的機制

板塊與板塊的交界可分成三種情況：板塊張裂形成的中洋脊或地塹；橫向錯動的轉形斷層（transform fault），譬如聖安德列斯斷層（San Andreas Fault）；以及板塊聚合形成的海溝。因為這些板塊的相對移動，使板塊邊界產生許多地震與火山。

沉積物

板塊遠離的地方（中洋脊、地塹）

海洋板塊

板塊聚合的地方（海溝）

就會形成新的海洋地殼。非洲大陸東部的大裂谷也是板塊張裂的地方，未來可能會像紅海一樣陷落成海，形成中洋脊。

板塊隱沒處會發生大地震

板塊間的碰撞邊界是地體構造最活躍的地方。譬如太平洋周圍就有多處海洋板塊隱沒至大陸板塊底下，這些地方會發生巨大地震。2011年3月11日發生規模9的東北地方太平洋近海地震（又稱311大地震、東日本大地震），就是太平洋板塊隱沒至日本東北地區時產生的地震。

板塊隱沒處是大陸成長的重要關鍵。板塊隱沒時所產生的岩漿可以加厚大陸地殼，也會透過火山活動噴發出來堆積在地殼上。

另外，海洋板塊隱沒時，部分沉積物會被大陸板塊刮起而剝離，成為大陸板塊的一部分。

另一方面，大陸板塊與大陸板塊聚合的邊界上，兩方皆不會因為密度較小而隱沒，故會直接相撞，在板塊邊界形成高聳的山岳。世界最高的喜馬拉雅山脈，就是在印度次大陸與歐亞大陸撞擊之下所生。

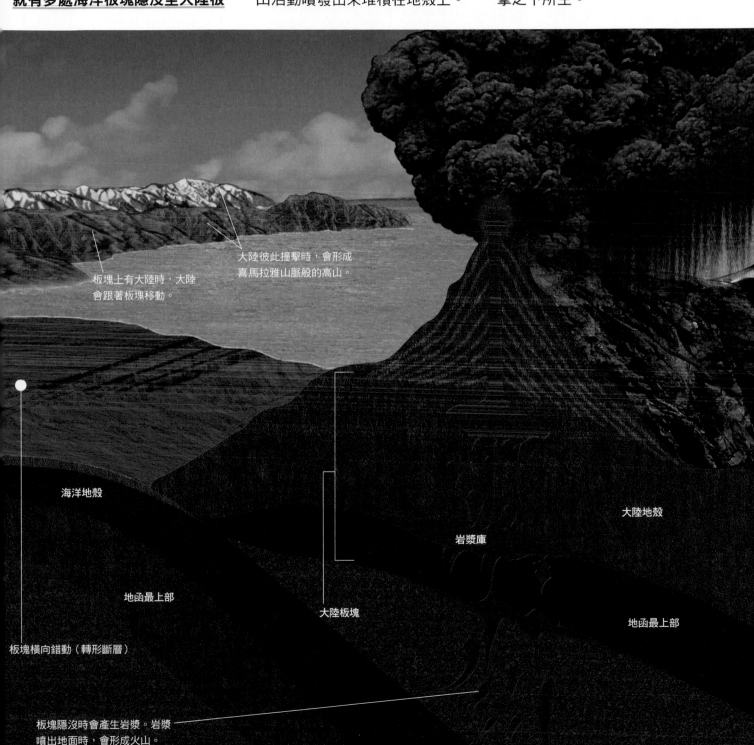

板塊上有大陸時，大陸會跟著板塊移動。

大陸彼此撞擊時，會形成喜馬拉雅山脈般的高山。

海洋地殼

大陸地殼

岩漿庫

地函最上部

大陸板塊

地函最上部

板塊橫向錯動（轉形斷層）

板塊隱沒時會產生岩漿。岩漿噴出地面時，會形成火山。

板塊運動是行星地球特有的現象

地球上可以看到喜馬拉雅山脈等連綿不絕的大規模山脈。反觀同為岩石型行星的火星與金星，雖然也有山脈般的地形，規模卻沒有像地球的山脈如此龐大。這是因為地球的板塊仍然在運動；火星與金星雖然也有板塊，卻不會像地球的板塊那樣移動。

喜馬拉雅山脈是在印度次大陸與歐亞大陸對撞之下誕生。以前印度次大陸位於南半球，在板塊的運動下北上，然後撞擊到歐亞大陸，抬升附近的地形，才形成喜馬拉雅山脈（詳見第26頁）。

只有在板塊有動態變化的地球，才能形成這樣的山脈。另一個地球獨有的地形，則是夏威夷這類火山群島。夏威夷群島從東南往西北分別是夏威夷島、茂宜島、歐胡島，再往西北的海底則是過去火山島沉沒後形成的海山（seamount，或稱海底山）。

目前東南端的夏威夷島地下仍有火山活動。來自地球深處的岩漿會熔化部分地函，往上衝出形成熱點（hotspot）。

熱點的位置基本上已固定在地球深處數千萬年以上。另一方面，板塊一直在上方移動。夏威夷的太平洋板塊現在每年都會往西北移動數公分左右。

在熱點正上方形成的火山會與板塊一起慢慢移動，最後離開熱點所在的位置。接著熱點正上方又會形成新的火山。這個過程重複進行，最後就形成了一列火山群島。

印度往北方移動6000公里撞上歐亞大陸

約3億年前，所有大陸都連在一起，即所謂的「盤古大陸」（Pangaea），此時印度在南半球。約2億年前，盤古大陸開始分裂，印度次大陸開始北上，在距今約5000萬年前撞上歐亞大陸。之後印度次大陸仍持續北上，故喜馬拉雅山脈仍持續緩慢成長。喜馬拉雅山脈山頂附近有個地層，是過去「古地中海」（Tethys Ocean）沉積物抬升後形成的地層。該地層出土了菊石等海中生物化石。

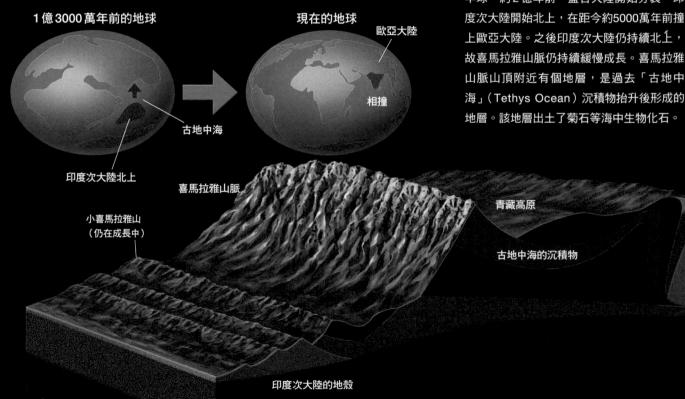

1億3000萬年前的地球

現在的地球

歐亞大陸

相撞

古地中海

印度次大陸北上

喜馬拉雅山脈

小喜馬拉雅山
（仍在成長中）

青藏高原

古地中海的沉積物

印度次大陸的地殼

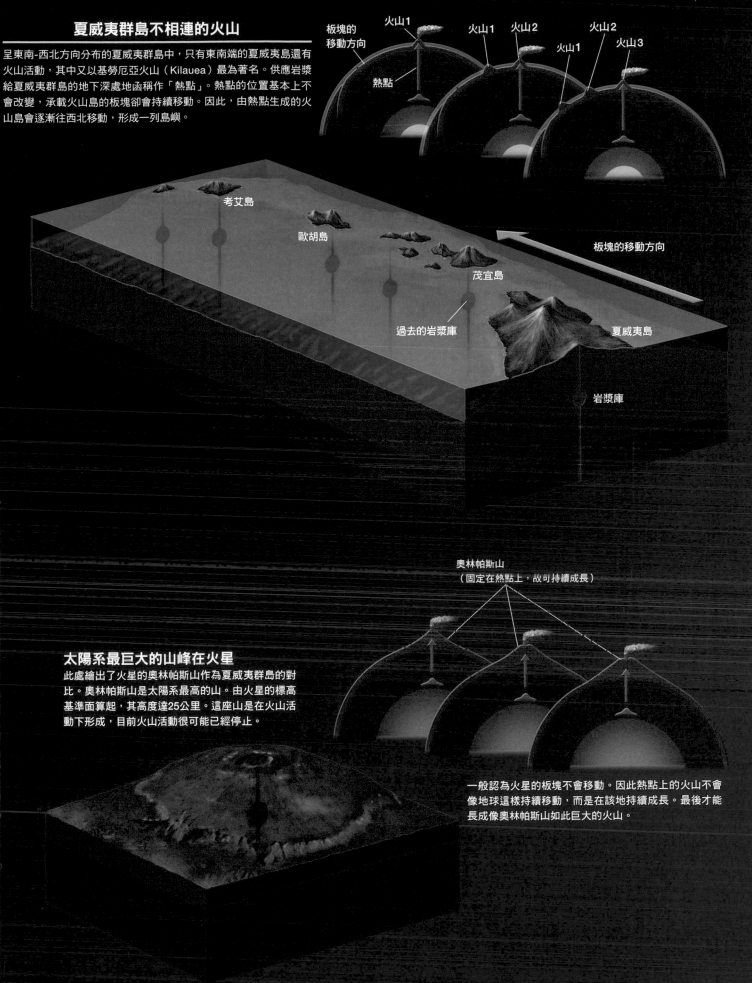

夏威夷群島不相連的火山

呈東南-西北方向分布的夏威夷群島中，只有東南端的夏威夷島還有火山活動，其中又以基勞厄亞火山（Kilauea）最為著名。供應岩漿給夏威夷群島的地下深處地函稱作「熱點」。熱點的位置基本上不會改變，承載火山島的板塊卻會持續移動。因此，由熱點生成的火山島會逐漸往西北移動，形成一列島嶼。

火山1
板塊的移動方向
熱點
火山1 火山2
火山1 火山2 火山3

考艾島
歐胡島
茂宜島
板塊的移動方向
過去的岩漿庫
夏威夷島
岩漿庫

太陽系最巨大的山峰在火星

此處繪出了火星的奧林帕斯山作為夏威夷群島的對比。奧林帕斯山是太陽系最高的山。由火星的標高基準面算起，其高度達25公里。這座山是在火山活動下形成，目前火山活動很可能已經停止。

奧林帕斯山
（固定在熱點上，故可持續成長）

一般認為火星的板塊不會移動。因此熱點上的火山不會像地球這樣持續移動，而是在該地持續成長。最後才能長成像奧林帕斯山如此巨大的火山。

隱沒的板塊會暫時滯留

板塊會在海溝隱沒至地球深處。隱沒的板塊會暫時停留在上部與下部地函的交界處。

這種滯留中的板塊叫作「停滯板塊」（stagnant slab）。世界各地的隱沒帶深處，都可以看到停滯板塊。

從日本海溝隱沒到日本群島底下的板塊，便是橫躺狀態的停滯板塊，長達1000公里以上、厚達100公里。由這個長度可知，板塊前端是在距今5000萬～

停滯板塊

隱沒至地球深處的板塊會滯留在深度660公里左右的地方。這是因為板塊的密度介於上方上部地函和下方下部地函之間。

停留的板塊前端（停滯板塊）最後會掉落至地函最下方，內含大量來自地殼的放射性物質。這些放射性物質衰變時所釋放的熱以及來自地核的熱，會加熱地函最下層的物質與崩落的板塊，最終可能形成地函的上升流。

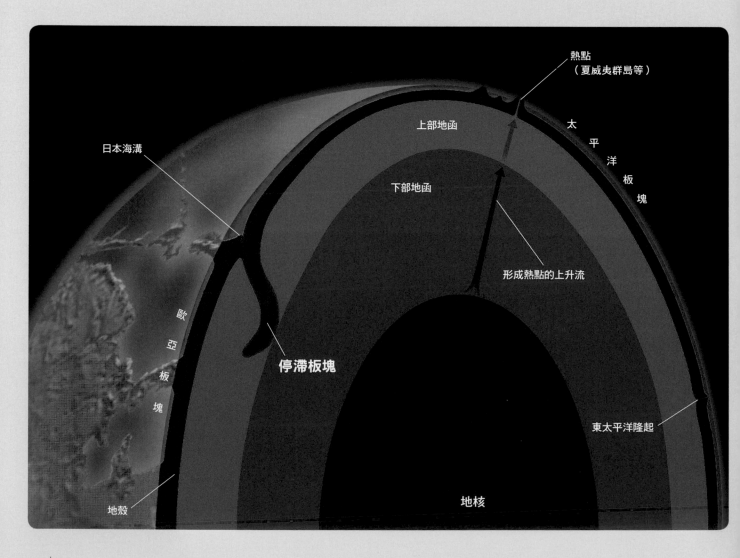

熱點
（夏威夷群島等）

上部地函

下部地函

太平洋板塊

日本海溝

形成熱點的上升流

歐亞板塊

停滯板塊

東太平洋隆起

地殼

地核

4000萬年前隱沒。更古老的板塊則位於下部地函與地核的邊界附近。

也就是說，**隱沒的板塊會暫時停留在上部地函與下部地函的邊界，最後崩落至下部地函底部。**

停滯板塊約在5000萬～4000萬年前崩落，此時太平洋板塊的運動方向可能從往北轉向往西。

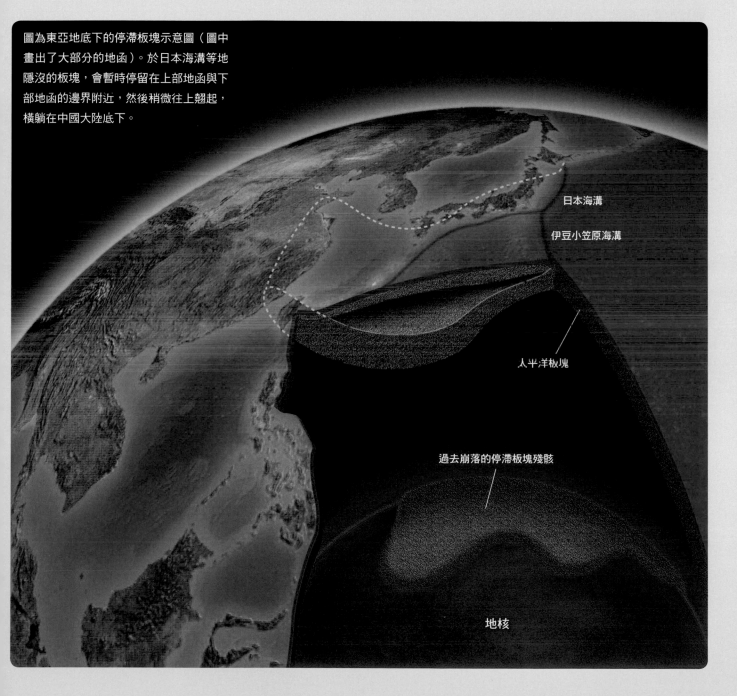

圖為東亞地底下的停滯板塊示意圖（圖中畫出了大部分的地函）。於日本海溝等地隱沒的板塊，會暫時停留在上部地函與下部地函的邊界附近，然後稍微往上翹起，橫躺在中國大陸底下。

日本海溝

伊豆小笠原海溝

太平洋板塊

過去崩落的停滯板塊殘骸

地核

喜馬拉雅山脈的形成

喜馬拉雅山脈誕生的過程

大 約3億年前，所有大陸結合成超大陸，稱為盤古大陸，印度此時位於南半球。

2億年前左右，盤古大陸開始分裂。到了大約1億5000萬年前，印度次大陸開始隨著印澳板塊緩慢北上，朝著亞洲大陸的方向前進。當時，印度次大陸與亞洲大陸之間有一片「古地中海」

喜馬拉雅山脈的成長（聖母峰周圍）

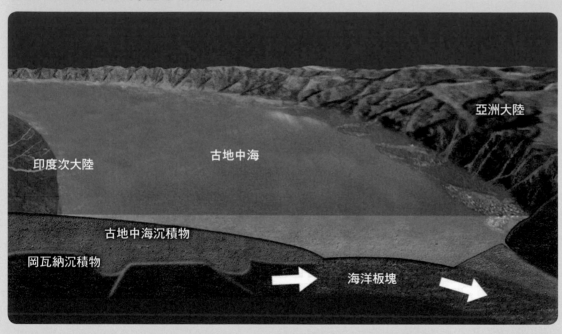

亞洲大陸

印度次大陸

古地中海

古地中海沉積物

岡瓦納沉積物

海洋板塊

1. 撞擊以前

印度次大陸隨著印澳板塊緩慢北上，使古地中海逐漸縮小。到了5000萬年前，印度次大陸的西北部開始撞擊亞洲大陸。到了4500萬年前，古地中海只剩下一小塊。

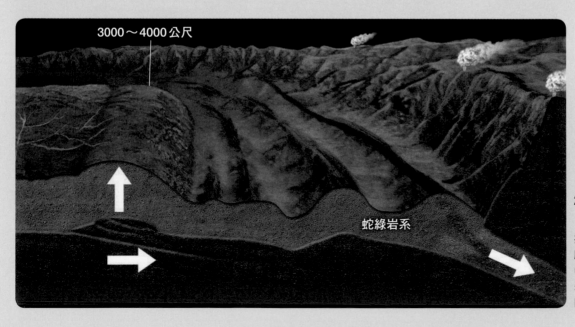

3000～4000公尺

蛇綠岩系

2. 2000萬～1500萬年前

撞擊事件產生隆起運動，使山脈開始緩慢成長。另外，古地中海海洋板塊的岩石（蛇綠岩：ophiolite）於3000萬年前開始出現在地表。

（又稱特提斯海）。印度次大陸北上縮減古地中海的面積，並聚集了其中的海洋沉積物。

距今5000萬年前左右，印度次大陸與歐亞大陸開始接觸。首先，構成古地中海板塊的岩石（沉積物）升至地表。這次接觸產生了隆起運動，撞擊處則開始形成山脈。

距今1400萬～1000萬年前，山脈隆升至8000公尺。有「世界屋脊」之稱的喜馬拉雅山脈就此誕生。

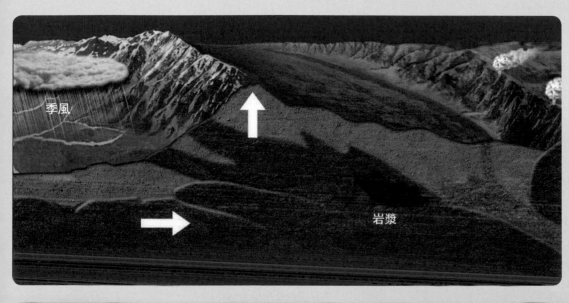

3. 1400萬～800萬年前

一般認為，喜馬拉雅山脈早在1400萬～1000萬年前就達到海拔8000公尺。另外，在1000萬～800萬年前，季風便開始為喜馬拉雅山南側帶來豐沛雨量。

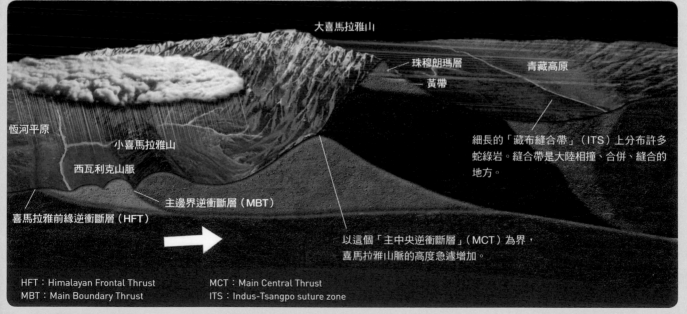

細長的「藏布縫合帶」（ITS）上分布許多蛇綠岩。縫合帶是大陸相撞、合併、縫合的地方。

以這個「主中央逆衝斷層」（MCT）為界，喜馬拉雅山脈的高度急遽增加。

HFT：Himalayan Frontal Thrust
MBT：Main Boundary Thrust
MCT：Main Central Thrust
ITS：Indus-Tsangpo suture zone

4. 100萬年前～現在

被推擠上來的古地中海沉積物形成了聖母峰山頂附近的黃帶，以及其上方的珠穆朗瑪層。另外「大喜馬拉雅山」（山脈主稜線）南側的「小喜馬拉雅山」也開始隆起，抬高了1500～2000公尺左右。

小喜馬拉雅山南側可以看到「主邊界逆衝斷層」（MBT）。主邊界逆衝斷層是印澳板塊與歐亞板塊目前的邊界，印澳板塊正逐漸地隱沒至喜馬拉雅山底下。

超大陸是如何形成，
又是如何分裂？

距今2億5000萬年前，地球上有塊盤古大陸。但是為什麼大陸會在板塊的移動下，聚集成一塊超大陸，後來又分裂成多塊大陸呢？

如果大陸與大陸之間存在海溝之類的板塊隱沒帶，那麼大陸間的距離就會逐漸拉近，最後相撞並聚合。到了板塊沒辦法繼續隱沒的時候，大陸與大陸之間的海溝便會消失。這個過程重複多次，就會形成超大陸。

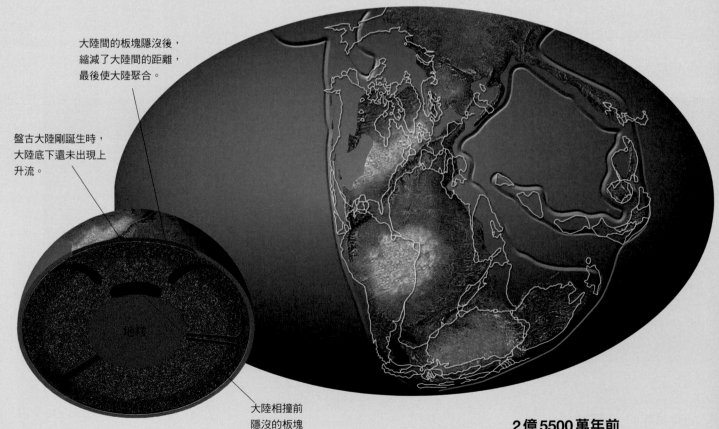

大陸間的板塊隱沒後，縮減了大陸間的距離，最後使大陸聚合。

盤古大陸剛誕生時，大陸底下還未出現上升流。

地核

大陸相撞前
隱沒的板塊

2億5500萬年前

大陸間的板塊隱沒，使大陸彼此撞擊，形成盤古大陸。距今5000萬年以內，核函邊界曾出現熱柱與上升流。在大陸的毛毯效應下，盤古大陸開始分裂。

超大陸本身就像毛毯一樣，可以幫底下的地函保溫，使其易於流動。另外，超大陸聚合之後，海邊會形成新的海溝，超大陸兩側的板塊於海溝隱沒後會落至地函底部。**崩落的物質在超大陸正下方的高溫核函邊界聚集成堆，最後產生高溫熱柱（超級熱柱）**。這個熱柱的上升流會撕裂大地，使超大陸再次分裂（大陸彼此遠離）。**該假說認為熱柱與板塊運動有關，故稱為「熱柱構造學說」（plume tectonics）。**

1億5200萬年前

地函上升流出現的地方會形成地塹。地塹最後會變成中洋脊，使大陸彼此遠離。

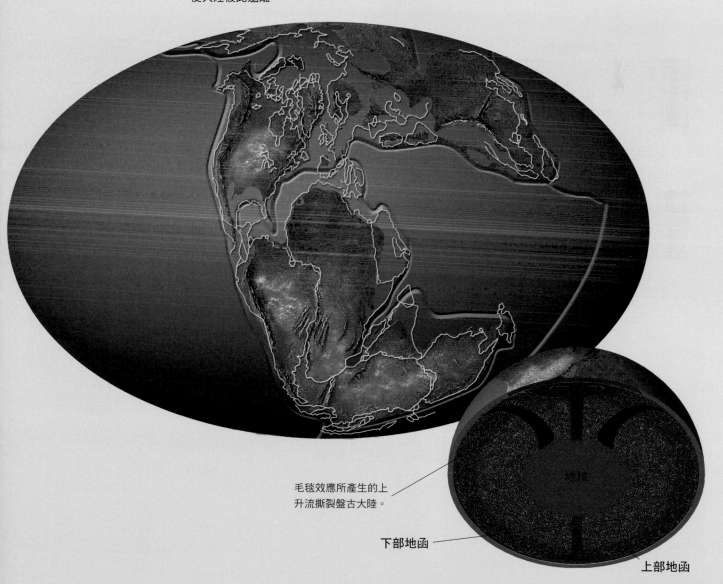

毛毯效應所產生的上升流撕裂盤古大陸。

地核

下部地函

上部地函

將日本群島分成東西兩邊的「巨大凹槽」

中央地塹帶的拉丁語Fossa Magna意指「大裂縫」，地質學上稱為「大地溝」。這是深達6000公尺以上的巨大凹槽，從位處日本中央的新潟縣南部一直延伸到靜岡縣伊豆半島。

中央地塹帶的兩個形成假說

那麼，中央地塹帶是如何形成的呢？在大約100年前，科學家提出了以下兩個假說。

第一個假說是為中央地塹帶命名的諾曼（Heinrich Naumann，1854～1927）提出，他認為「伊豆-小笠原弧（現在的伊豆半島）」撞擊本州時，生成了中央地塹帶。另一個假說則是日本地質學家原田豐吉（1861～1894）提出，他認為日本東側與西側的島弧彼此對撞聚合後，才形成了中央地塹帶。

藉由岩石的記憶調查地磁場

在這之後，隨著地質學的發展，科學家試圖透過岩石上殘留

中央地塹帶

中央地塹帶西側邊界有個「糸魚川-靜岡構造線」，是地質學上將日本群島分成東北部與西南部的斷層。該斷層是北美板塊與歐亞板塊的邊界。不過東側邊界則不明確，諾曼猜測「直江津-平塚構造線」為東側邊界，但是後來的調查並未發現斷層。目前則是以「新發田-小出構造線」與「柏崎-千葉構造線」所夾區域可信度較高。中央的關東山區為古地層，卻或許是中央地塹帶形成時崩落的痕跡。

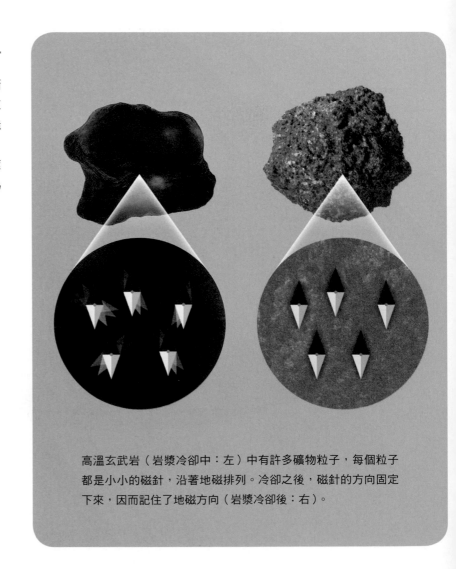

高溫玄武岩（岩漿冷卻中：左）中有許多礦物粒子，每個粒子都是小小的磁針，沿著地磁排列。冷卻之後，磁針的方向固定下來，因而記住了地磁方向（岩漿冷卻後：右）。

的古地磁痕跡，來研究中央地塹帶的形成原因。

可將地球想成是一個S極在北極、N極在南極的巨大磁鐵，在磁場（地磁）的影響下，磁針的N極會指向北方。

火山噴發之際，流動的岩漿在冷卻凝固時，岩石內帶磁性的礦物粒子會表現出「微小磁針」的行為，沿著地磁方向排列而指向北方。

在這之後，如果因為陸地本身的移動，造成岩石方位的改變，這些微小磁針就會偏離北方。

調查這些微小磁針的偏離情況，就能推測出這些岩石從剛形成時到現在，方向改變了多少。

就像左右對開的門一邊旋轉一邊靠近

中央地塹帶估計於1500萬年前形成，調查這個時間點以前的岩石，就會發現東日本岩石的磁針往逆時鐘方向偏轉，西日本岩石的磁針往順時鐘方向偏轉。也就是說，**東日本往逆時鐘方向轉，西日本往順時鐘方向轉。**

於是，**就有了所謂的「左右對開說」**，說明日本群島是如下圖所示般轉動扭曲形成。

一般認為，以前日本群島與歐亞大陸的最東端相連。左右對開說指出，從大陸分離的本州在南下移動到目前日本群島位置的過程中，就像左右對開的門一樣，兩塊陸地往不同方向轉動而形成目前的樣子。這兩塊陸地的連接處就是中央地塹帶。

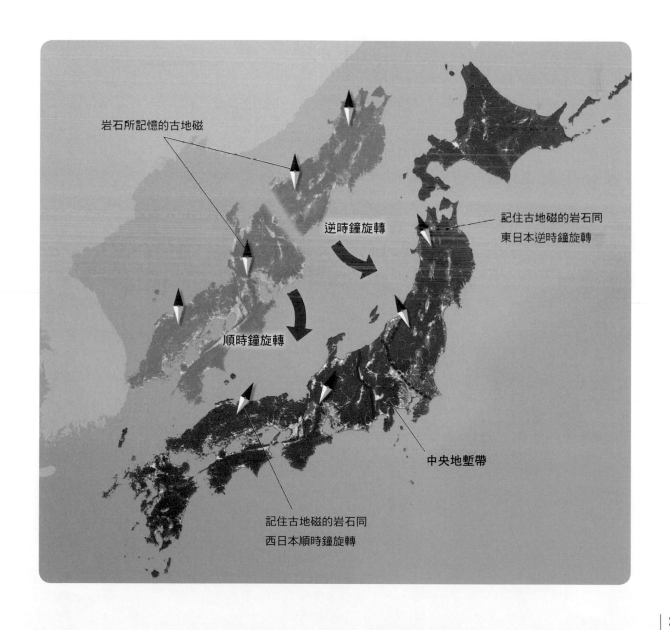

岩石所記憶的古地磁

逆時鐘旋轉

順時鐘旋轉

記住古地磁的岩石同東日本逆時鐘旋轉

中央地塹帶

記住古地磁的岩石同西日本順時鐘旋轉

殘留地磁反轉痕跡的「千葉剖面」

在地層之中，顯示地磁反轉的痕跡有時會露出地表。譬如日本千葉縣市原市養老川沿岸露出的地層「**千葉剖面**」（Chiba section）。

以茨城大學岡田誠教授為首的日本研究團隊，向國際地質科學聯盟申請將千葉剖面作為更新世中期（約77萬4000年前～約12萬9000年前）起始時間這個地質年代界線的代表性地點。

2020年1月，國際學會承認其為GSSP（Global Boundary Stratotype Section and Point）。GSSP即「全球界線層

河邊的重要地層

千葉縣市原市養老川河岸千葉剖面的一部分。千葉剖面於2015年發表，大致標示出了「地磁與現在相反的年代」（以紅椿標示）、「地磁逐漸反轉的年代」（以黃椿標示）以及「地磁與現在相同的年代」（以綠椿標示）。部分椿柱的位置是由相鄰地層的資料推估而得，之後再精準地測定以修正資料。最新資料顯示，地磁逐漸反轉的年代（黃椿區域）應持續延伸到崖壁上方。另外，光看地層無法確定古地磁的情況。

型剖面和點位」，通稱「全球標準地層界線」。

因為認定其為GSSP，更新世中期就冠上千葉之名，**是為「千葉期」（Chibanian），這是世界共通的正式名稱。**

留下了地磁反轉記錄的環境

在大約77萬4000年前更新世中期的起始，**發生了地磁反轉（詳見第16頁）。當時的地磁S極正從南半球往北半球移動，而千葉剖面清楚記錄了這個過程。**

在一般的地層中，每1000年最多只能沉積60公分左右的泥沙。不過在千葉剖面的地層中，平均1000年沉積2公尺左右的泥沙。

在如此短的時間內沉積大量泥沙，便可從地層中發現的化石與其他成分來瞭解各個短暫的地質年代之間，地球環境有哪些細微差異。

總之，千葉剖面完整記錄了地磁反轉時，地球經歷過什麼樣的環境。　　　　　　　　　🪐

測定された

地磁気

2 地震與火山的機制

地 球這個行星上有著各種地質活動，譬如地震、火山噴發、地殼變動形成山脈等。就某種意義上，火山活動與地震可以說是地球「活著」的證據。這些地質活動是如何產生的？人類又該如何防範這些災害，與大自然共存呢？第2章把焦點放在地球的活動，將詳細說明地震與火山的機制。

在板塊邊界發生的
超巨大地震

覆蓋地球表面的十幾個板塊正在緩慢移動中。板塊的移動方向各不相同，可能會互相撞擊，或是隱沒到另一個板塊底下。此時，大陸板塊前端會被海洋板塊往下拖至地球深處，但是大陸板塊並不會完全被拖曳至深處，到達一定極限以後就會回彈恢復成原本的形狀。**此時發生的地震稱為「板塊邊界地震」。這種「回彈」的力量十分強大，是許多超大地震的成因。**

　　舉例來說，2004年末印尼發生的「印度洋大地震[※]」讓15萬平方公里的區域（斷層）產生了20公尺以上的位移，而這個區域比四個臺灣加起來的面積還要大。印度洋大地震引起了超巨大的海嘯，造成東南亞及其周圍地區超過20萬人因此喪生。

[※]：規模9.2，震源區為1000公里×150公里，平均滑動量為20公尺。

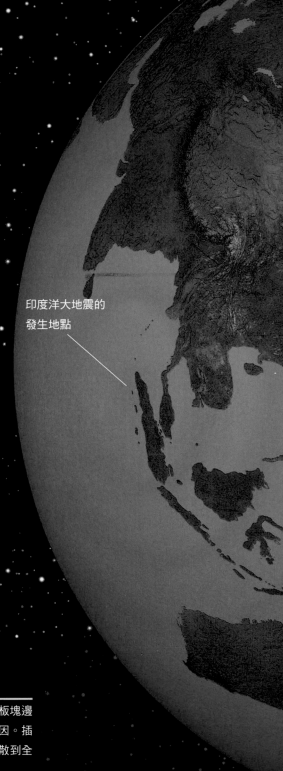

印度洋大地震的
發生地點

超巨大地震
驅動了地球的運動

板塊與板塊的邊界會出現由板塊回彈所產生的「板塊邊界地震」，這也是世界史上許多超巨大地震的成因。插圖所示為蘇門答臘近海發生的地震（地震波）擴散到全世界的模樣。

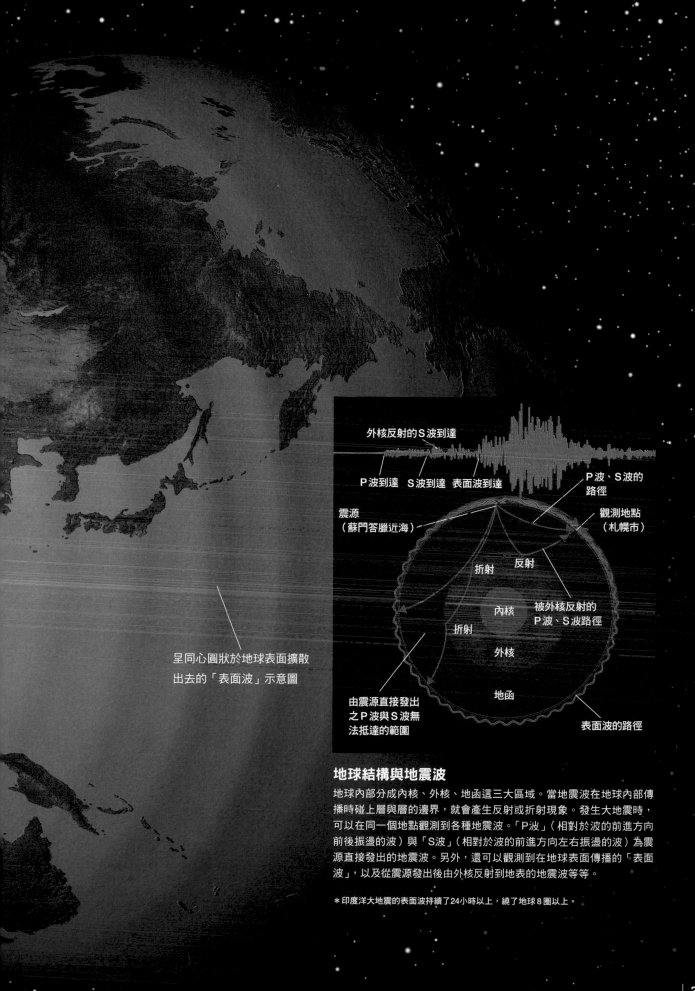

外核反射的S波到達

P波到達　S波到達　表面波到達

震源
（蘇門答臘近海）

P波、S波的
路徑

觀測地點
（札幌市）

折射　　反射

內核

被外核反射的
P波、S波路徑

折射

外核

地函

呈同心圓狀於地球表面擴散
出去的「表面波」示意圖

由震源直接發出
之P波與S波無
法抵達的範圍

表面波的路徑

地球結構與地震波

地球內部分成內核、外核、地函這三大區域。當地震波在地球內部傳播時碰上層與層的邊界，就會產生反射或折射現象。發生大地震時，可以在同一個地點觀測到各種地震波。「P波」（相對於波的前進方向前後振盪的波）與「S波」（相對於波的前進方向左右振盪的波）為震源直接發出的地震波。另外，還可以觀測到在地球表面傳播的「表面波」，以及從震源發出後由外核反射到地表的地震波等等。

＊印度洋大地震的表面波持續了24小時以上，繞了地球8圈以上。

依據感覺判斷的「震度」
表示真實強度的「規模」

評估地震強弱主要有兩種尺度，分別是「震度」（intensity）以及「規模」（magnitude）。**震度表示地震時地表搖動程度有多大，規模則**表示地震的實際強度（能量）。即使是規模很大的地震，如果距離震源很遠，那麼震度就會比較小。相對地，即使是規模很小的地震，一旦距離震源很近，震度就會很大，甚至造成嚴重災害。

在日本，不到M5（規模為5）的地震會歸類為小地震或微小地震，幾乎不會產生任何災害。然而，**地震規模每增加1，**

日本氣象廳的震度分級表

（省略震度0～2）

震度	狀況
3	待在室內的人幾乎都會感受到搖動。 ▶櫥櫃內的餐具可能會發出聲響。▶吊掛電線稍微搖動。
4	讓人產生相當程度的恐慌感，部分的人會尋求躲避的地方，睡著的人幾乎都會驚醒。 ▶吊掛物品大幅搖擺，櫥櫃內餐具發出聲響。未固定物體可能會傾倒。▶電線大幅搖擺。行人感受到搖動。開車中的人可能會注意到搖動。
5弱	許多人開始尋找避難地點，且走動困難。 吊掛物品劇烈搖擺，櫥櫃內餐具、書架的書可能會掉落。家具可能會移動。▶窗戶玻璃可能會碎裂。電線桿在搖動。未修繕的磚牆可能有崩落情形。馬路上可能出現災害。▶耐震度較低的住宅內，牆壁、柱子可能會破損。▶耐震度較低的建築物內，牆壁可能會龜裂。▶安全裝置開始運作，某些家庭的天然瓦斯供應中斷。有些家庭可能會因為管線破損而停水、停電。▶較軟弱的地基可能會龜裂。山地可能會出現落石、小規模崩落。
5強	幾乎所有人都感到極度恐慌，且走動困難。 櫥櫃的餐具、書架的書紛紛掉落。電視從電視架上傾倒。衣櫃等重型家具可能會傾倒。門可能會因為變形而無法打開。▶許多未修繕的磚牆有崩落情形。未固定好的自動販賣機可能會傾倒。許多墓碑紛紛傾倒。汽車難以行進，許多汽車停駛。▶耐震度較低的住宅內，牆壁、柱子可能會嚴重破損或傾倒。▶耐震度較低的建築物內，牆壁、梁柱可能會大規模龜裂。耐震度較高的建築物內，牆壁可能會龜裂。▶供應家庭的天然瓦斯管線、主要自來水管可能會破損，使部分區域停水、停氣。▶較軟弱的地基可能會龜裂。山地可能會出現落石、小規模崩落。
6弱	站立困難。 許多未固定的重型家具大幅移動或傾倒。許多門無法打開。▶有些建築物的牆壁磁磚或窗戶玻璃破損、掉落。▶耐震度較低的住宅可能會倒塌。即使是耐震度較高的住宅，牆壁、柱子可能也會受損。▶耐震度較低的建築物內，牆壁、柱子可能遭到破壞。即使是耐震度較高的建築物，牆壁、梁柱可能也會大規模龜裂。▶供應家庭的天然瓦斯管線、主要自來水管可能會破損，使部分區域停水、停氣，甚至停電。▶地面可能會出現裂痕，山區可能會山崩。
6強	無法站立，只能趴著移動。 幾乎所有未固定的重型家具皆大幅移動或傾倒。門可能會脫離門框彈出。▶許多建築物的牆壁磁磚或窗戶玻璃破損、掉落。幾乎所有未修繕的磚牆皆有崩落情形。▶許多耐震度較低的住宅倒塌，即使是耐震度較高的住宅，也有許多牆壁、梁柱受損。▶耐震度較低的建築物可能倒塌。即使是耐震度較高的建築物，牆壁、梁柱也可能遭到破壞。▶供應區域的天然瓦斯管線、自來水設施可能會毀損，使大範圍區域停水、停氣。部分區域停電。▶地面可能會出現裂痕，山區可能會山崩。
7	搖晃劇烈，人們無法自主行動。 幾乎所有家具皆大幅移動、傾倒。▶幾乎所有建築物的牆壁磁磚及窗戶玻璃皆破損、掉落。未修繕的磚牆會破損。▶即使是耐震度較高的住宅，也可能會傾斜、大幅破損。▶即使是耐震度較高的建築物，也可能會傾斜、大幅破損。▶大範圍區域停水、停氣、停電。▶地面出現大規模裂痕，山區大規模山崩，地貌可能會整個改變。

▶屋內狀況　屋外狀況　木造建築　鋼筋混凝土　▶維生管線　地基、山坡　　　　＊改寫自日本石垣島地方氣象台首頁

其能量會變成原本的32倍左右。 譬如M7與M8的地震強度並不是只有相差2倍，而是32倍。而比M7還要高2級的M9，其強度則高達M7的1000倍左右（32×32倍）。

一般而言，日本會將M6歸為「中地震」，將M7歸為「大地震」。超過M8的稱作「巨大地震」，超過M9的稱作「超巨大地震」。2011年於日本東北地區太平洋近海發生的地震為M9.0。

餘震區域在青森縣近海至千葉縣近海，南北約600公里、東西約350公里。從2011年3月11日～2021年3月10日，共發生了11次M7以上的餘震。

震度

日本氣象廳用自訂的震度計測量震度並公告。日本震度分成10級，如左表所示，每個震度都有詳細規定其判斷基準。過去是由氣象廳觀測官主觀判斷震度，但因為測量工作需要科學根據，所以自1996年起採用現行方法。左表雖然是日本獨有的指標，不過臺灣採用的分級與之相去無幾。

規模與地震能量

地震規模每增加1，地震能量就多約32倍。地震規模有很多種，日本通常使用「Mj」（氣象廳規模），國際上則是使用將長週期振盪納入考量的「Mw」（地震矩規模）。

深處發生的「板塊內地震」
淺層發生的「內陸地震」

除了板塊之間的活動會引發地震之外，還有所謂的「板塊內地震」（intraslab earthquake）以及「內陸地震」（inland earthquake）。**所謂的**

板塊內地震，是指隱沒至地球深處的海洋板塊內產生的地震。而內陸地震則發生於大陸板塊內（地殼）的淺層區域。

若往地下挖掘，會接觸到固態岩石層（地殼）。板塊的隱沒會對地殼施加很大的力，如果地層中出現「裂縫」，使地層出現相對移動，那麼這個裂縫就稱作「**斷層**」（fault）。裂縫出現相

照片為東北地方太平洋近海地震發生後的宮城縣氣仙沼市情景。正中間是被海嘯沖上市區的漁船。

對移動時會產生衝擊，衝擊傳至地表就會產生地震。 若斷層錯動範圍（震源區）的面積越廣，或是錯動產生的位移量（滑動量）越大，地震的規模就越大。

相較於周圍的岩石，斷層的強度較弱。因此，當受力作用時會持續在同一個地方發生破壞，也就是會在同一個地方反覆發生地震。若斷層位於都市正下方，產生的內陸地震就稱為「直下型地震」（直下地震）。

板塊邊界地震

海洋板塊隱沒至大陸板塊下方時，大陸板塊會被一起拉下去（**1**）。被拉到極限時，大陸板塊會回彈恢復成原本的形狀（**2**）。這可能會引發罕見的超巨大地震，全球大約每100年只會發生數次。東北地方太平洋近海地震以及觀測史上最大的智利大地震〔1960年，震源區達20萬平方公里（1000公里×200公里），平均滑動量為25公尺，M9.5〕皆屬於這種類型。

板塊內地震

隱沒的海洋板塊遭到破壞後，會在深度0～700公里處產生地震。這種地震大部分都很微弱，不過有時候會出現如釧路近海地震（1993年，M7.5）這種巨大地震。

內陸地震

板塊受到其他板塊的力量時，板塊內部較淺的部分（地殼）會產生斷層，該斷層滑動時就會發生地震。1995年的阪神大地震就是這種類型。日本史上的內陸地震當中，又以濃尾地震（1891年，M8.0）規模最大。

①正斷層
斷層邊界的一側往下掉落。

②逆斷層
斷層邊界的一側騎到另一側上方。

③平移斷層
斷層邊界上，上、下盤水平錯動。

在世界各地引起災害的「海嘯」

大規模地震容易引起「海嘯」，造成災害。**當海底地形在短距離內急遽隆起或下降，海水整體就會跟著抬起或落下。**引發超巨大地震的板塊邊界地震中，「回彈向上的部分」大多位於海底。因此，必然會引發超巨大的海嘯。

超巨大地震的震源區面積廣、滑動量大，因此海嘯的規模極大。2004年印度洋大地震中，距離震源區最近的班達亞齊（印尼）遭到30公尺高的海嘯襲擊。海嘯在10小時內橫跨了整個印度洋，連在非洲大陸都造成了超過100人死亡。

1960年智利大地震也產生了大規模海嘯。智利大約在相對於日本的地球另一端，不過在地震發生23小時後，海嘯便抵達日本。這令日本各地產生了3～4公尺的海嘯、三陸海岸（日本東北地區）甚至產生了5～6公尺的海嘯，造成約140人死亡。

索馬利亞
298人死亡

非洲大陸

馬達加斯加島

10小時後

海嘯的傳播

插圖所示為印度洋大地震所產生的第一波海嘯到達世界各地的模樣。在水深越深的地方，海嘯傳播速度越快。海嘯在水深10公尺處時速約36公里，但是在水深5000公尺處時速可達800公里。

超巨大地震產生的海嘯不只會對震源沿岸造成災害，也會危害到海的另一端，乃至於波及世界各地。因此，太平洋與印度洋沿岸各國都擁有共享海嘯資訊的系統。

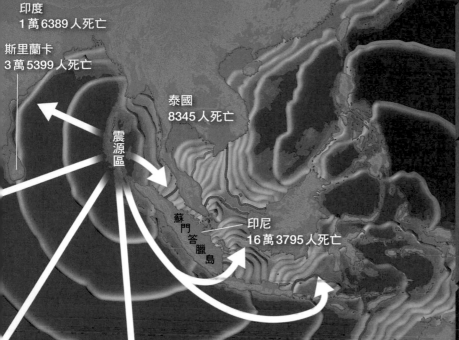

印度
1 萬 6389 人死亡

斯里蘭卡
3 萬 5399 人死亡

泰國
8345 人死亡

震源區

蘇門答臘島

印尼
16 萬 3795 人死亡

5 小時後

海嘯發生機制

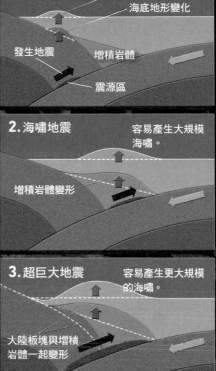

1. 一般地震
發生海嘯
海底地形變化
發生地震
增積岩體
震源區

2. 海嘯地震
容易產生大規模海嘯。
增積岩體變形

3. 超巨大地震
容易產生更大規模的海嘯。
大陸板塊與增積岩體一起變形

1 為一般地震，2 為海嘯地震（地震規模大到會引起大海嘯），3 為超巨大地震。大陸板塊前端的增積岩體相對較軟、容易變形。所以當地震很強時，可能會在此處產生大規模海嘯。

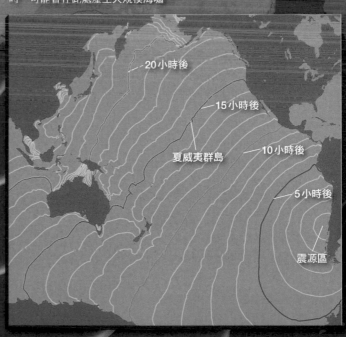

20 小時後
15 小時後
夏威夷群島
10 小時後
5 小時後
震源區

智利大地震產生之海嘯的到達時間

插圖所示為智利大地震發生時，第一波海嘯每隔 1 小時到達太平洋各地的模樣。海嘯在大約 15 小時後到達夏威夷，在大約 23 小時後到達日本。

活斷層

日本群島的陸地
正在逐漸變形

　本群島是許多板塊聚集的
區域。因此，日本群島的
陸地會受到板塊運動的影響，承
受著來自各方的力量而持續變
形。不過，陸地並非毫無限制地
變形，而是透過斷層滑動將累積
的能量釋放出來。

　這些斷層當中，在數十萬年內
曾有多次活動者稱為「活斷層」
（active fault，或稱活動斷層）。
也有人定義在新生代第四紀（約
260萬年前）以後活動過的斷層
都叫作活斷層。日本國內已經發
現了超過2000個活斷層，但仍
有許多深埋在地底的活斷層尚未
被發現。「埋在地下的活斷層」
在定義上多半不列入活斷層，卻
也有可能引發地震造成災害。也
就是說，**日本群島的陸地全域、
全國各地的下方都有可能會發生
地震。**

板塊聚合處的日本

日本群島中，東日本在「北美板塊」上，
西日本在「歐亞板塊」上。在日本群島的
下方，「菲律賓海板塊」自東南方隱沒，
「太平洋板塊」自東方隱沒。

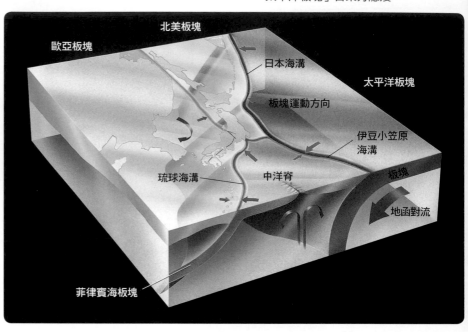

歐亞板塊　　　北美板塊　　　　　　　日本海溝　　　太平洋板塊

板塊運動方向

伊豆小笠原海溝

琉球海溝　　　中洋脊　　　板塊

地函對流

菲律賓海板塊

日本的地殼變動傾向

地圖中的箭頭代表設置於地表的GPS基準點運
動。本圖由京都大學防災研究所西村卓也副教授，
依照日本國土地理院在2005年4月1日～2009年
12月31日測定的資料製成。靠近海洋板塊隱沒
處，附近有海溝與海槽（細長的溝狀海底地形，比
海溝淺）的太平洋沿岸，移動幅度較大（移動幅度
大不代表容易發生地震）。另外，東北地區在2011
年東北地方太平洋近海地震以後，移動方向反過來
轉向東方。

本圖基準點

5cm/年

日本海溝

南海海槽

顯示活斷層存在的地表痕跡

地震發生後，滑移的斷層（活斷層）可能會露出地表。隨著時間經過，斷層會受到風雨侵蝕，或者被沉積物掩埋而難以察覺。但有時候也會留下特殊地形，譬如形成斷崖，或是河川流過該地時突然改變方向。

目前已知的日本全國各地活斷層，皆是透過地圖、航空照片等對特殊地形進行分析，藉此找到活斷層的位置。

一般而言，**露出地表的活斷層越長，發生大規模地震的可能性就越大**（因為地下活斷層的面積也很大）。再者，由過去的地震經驗可知，如果露出地表的活斷層長度為20公里，就有可能發生M7以上的地震。

即使露出地表的活斷層長度很短，或者斷層完全埋在地下（盲斷層：blind fault），也可能會發生大地震。另外，即使是小規模斷層所產生的M5～M6左右地震，亦可能造成很大的災害。地表痕跡雖然可以告訴我們活斷層的存在，卻無法提供所有資訊。

日本主要的活斷層

下圖是根據日本文部科學省地震調查研究推進本部公告的資訊製成，日本主要的活斷層位置以紅色表示（亦標出了最近發生的主要震源）。由圖可知，未標示活斷層的地方也可能發生大地震，造成災害。

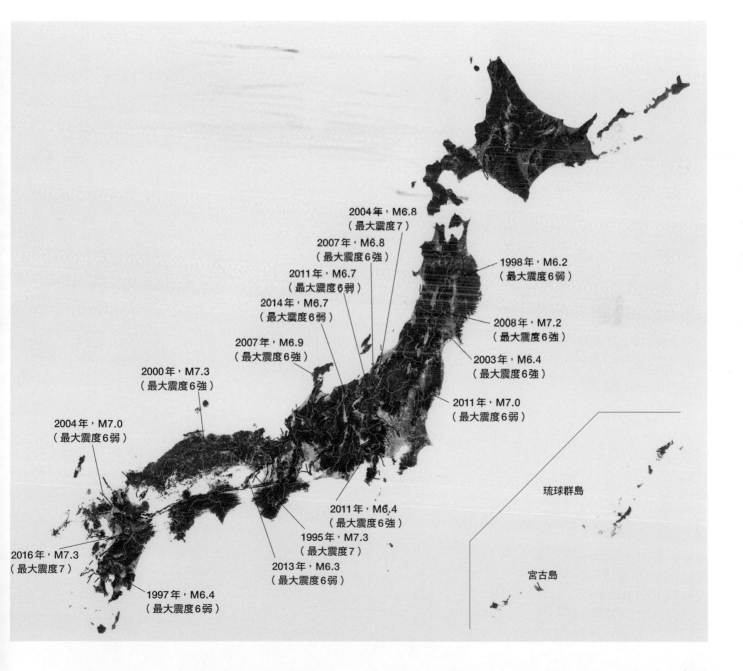

2004年，M6.8
（最大震度7）

2007年，M6.8
（最大震度6強）

2011年，M6.7
（最大震度6弱）

2014年，M6.7
（最大震度6弱）

2007年，M6.9
（最大震度6強）

2000年，M7.3
（最大震度6強）

2004年，M7.0
（最大震度6弱）

2016年，M7.3
（最大震度7）

1998年，M6.2
（最大震度6弱）

2008年，M7.2
（最大震度6強）

2003年，M6.4
（最大震度6強）

2011年，M7.0
（最大震度6弱）

2011年，M6.4
（最大震度6強）

1995年，M7.3
（最大震度7）

2013年，M6.3
（最大震度6弱）

1997年，M6.4
（最大震度6弱）

琉球群島

宮古島

板塊自東南方與東方隱沒的日本關東地區

日本是著名的「地震大國」，其中又以關東地區[※1]為最。根據日本氣象廳「震度資料庫」的觀測資料，1923年1月1日～2013年12月31日期間，日本及其周邊海域共發生了大約8萬6900次震度1以上的地震，而震源在關東地區底下的地震共有1萬4600次。東海地區（靜岡縣、愛知縣、岐阜縣、三重縣）約有6600次；近畿地區（兵庫縣、大阪府、京都府、奈良縣、滋賀縣、和歌山縣）約有5300次。相較之下，關東地區的地震顯得特別多。

關東地區之所以有那麼多地震，是因為地下有三個板塊彼此交疊。東日本的陸地在「北美板塊」上方，而「菲律賓海板塊」自東南方以每年5公分的速度隱沒至下方。此外，「太平洋板塊」從東方以每年8.5公分的速度隱沒在北美板塊與菲律賓海板塊之下。

▎侵襲東京的巨大地震

1923年9月1日星期六上午11時58分，巨大的地震撼動了關東地區，就是後來名為「大正關

日本關東地區的板塊與地震

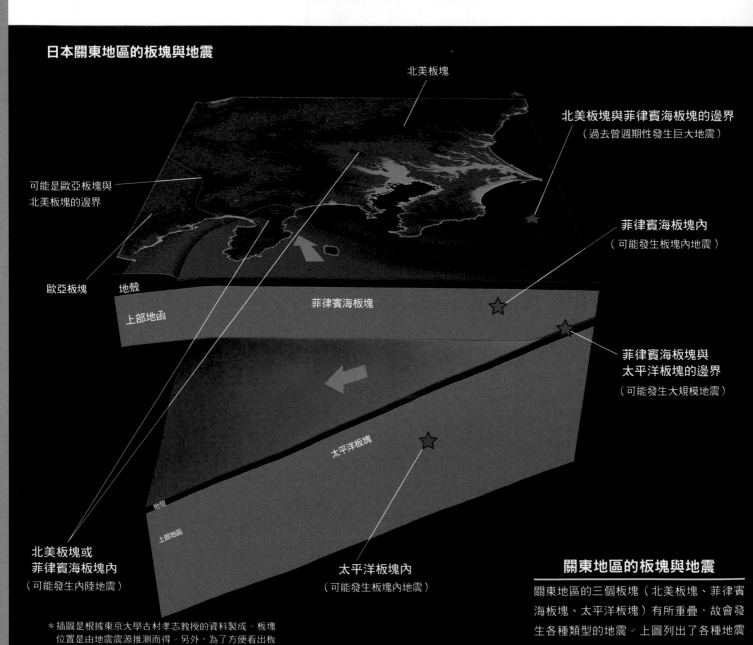

北美板塊

北美板塊與菲律賓海板塊的邊界
（過去曾週期性發生巨大地震）

可能是歐亞板塊與北美板塊的邊界

菲律賓海板塊內
（可能發生板塊內地震）

歐亞板塊

地殼

上部地函

菲律賓海板塊

菲律賓海板塊與太平洋板塊的邊界
（可能發生大規模地震）

太平洋板塊

地殼

上部地函

北美板塊或菲律賓海板塊內
（可能發生內陸地震）

太平洋板塊內
（可能發生板塊內地震）

關東地區的板塊與地震

關東地區的三個板塊（北美板塊、菲律賓海板塊、太平洋板塊）有所重疊，故會發生各種類型的地震。上圖列出了各種地震的發生地點。

＊插圖是根據東京大學古村孝志教授的資料製成。板塊位置是由地震震源推測而得。另外，為了方便看出板塊的斜坡輪廓，未將板塊與板塊間的地函畫出。

東地震」所引發的震動。神奈川縣的相模灣沿岸、千葉縣南端、部分的東京地區，搖晃程度為震度7[※2]，推估地震規模約在M7.9以上。

當時正是午餐時間，因此建築物倒塌時各地火災四起，東京大火延燒了約2天。光是東京就目擊到111次帶有火焰與高溫空氣的火柱狀塵捲風，稱為「火災旋風」。另一方面，又有高達約12公尺的海嘯沖上靜岡縣熱海市。

在這次地震中，全毀、沖毀、燒毀的建築物約有29萬3400棟；死亡、失蹤者約有10萬5000人。死亡、失蹤者中約有9萬2000人死於火災，其中約有3萬8000人是在兩國站（東京都）北側的舊陸軍軍服廠遺跡死於火災旋風。

可能性極高的東京直下地震

根據估計，北美板塊與菲律賓海板塊的交界上，每隔180～590年就會發生一次巨大地震（關東地震）。最近一次為大正關東地震，江戶時代則有「元祿關東地震」（1703年，M7.9～8.2）。另外，位於房總半島南端海岸、名為「海岸段丘」的階梯狀地形，可能也是在關東地震時隆起而出現落差。

目前日本政府正在警戒的是M7的「東京直下地震」（又稱首都直下地震）。所謂的M7東京直下地震，是指東京及其周邊地區（首都圈）的大規模地震（關東地震的餘震除外）。根據過去的地震記錄可知，在兩次關東地震之間有過多次M7級別的東京直下地震。

舉例來說，從元祿關東地震到

大正關東地震的約220年間，發生過8次M7的東京直下地震。

另一方面，大正關東地震至今約100年內只發生過2次規模相近的東京直下地震，包括1931年的「西埼玉地震」（M6.9）以及1987年的「千葉縣東方近海地震」（M6.7）。

根據地震調查研究推進本部的研究結果，**未來30年內有70%的機率會發生M7的東京直下地**震。也就是說，M7的東京直下地震可能隨時都會發生。

※1：東京都、神奈川縣、埼玉縣、千葉縣、茨城縣、栃木縣、群馬縣。
※2：直到1948年的「福井地震」（M7.1），日本才制定了震度7的分級。

* 為了方便看出震源區的位置，下圖將各個板塊分置於上、下兩側（參考東京大學古村孝志教授的資料製成）。

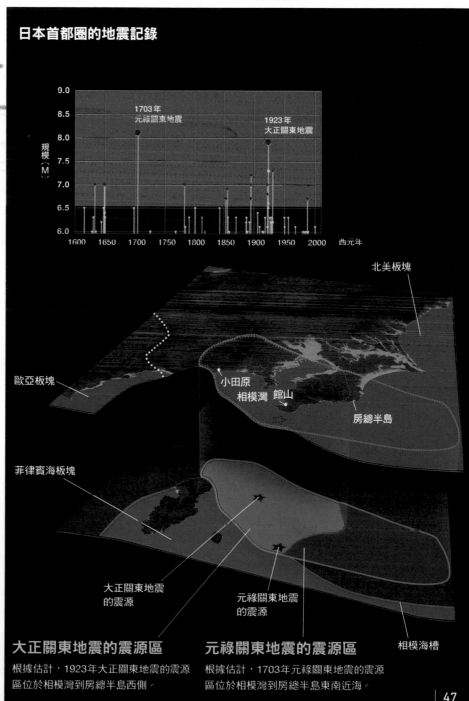

日本首都圈的地震記錄

1703年 元祿關東地震

1923年 大正關東地震

規模（M）

北美板塊

歐亞板塊

小田原
相模灣　館山

房總半島

菲律賓海板塊

大正關東地震的震源

元祿關東地震的震源

相模海槽

大正關東地震的震源區

根據估計，1923年大正關東地震的震源區位於相模灣到房總半島西側。

元祿關東地震的震源區

根據估計，1703年元祿關東地震的震源區位於相模灣到房總半島東南近海。

從陸地或海洋觀測板塊的變形情況

為了預測地震的發生，科學家每天都在進行相關研究，其中之一就是觀測板塊的變形（應變的累積）。

板塊的變形可用於推估海底的地殼變動，也就是板塊移動方向與移動量。**在陸地區域的觀測方面，自1990年以後已經能透過衛星定位系統測定到非常精準的程度。**陸地上設置的「基地台」可接收定位衛星的無線電波，以毫米為單位測定其距離。

另一方面，海底則無法用同樣的方式來測定，因為定位衛星的無線電波無法到達海中。於是，**以海上船隻作為中繼點的測量方法**便相應而生。以聲波（聲納）測定船隻與海底基地台的位置關係，再用無線電波測定船隻與定位衛星的位置關係，即可標定海底基地台的位置。據說這個誤差可以控制在每年1公分以內。

海底地殼變動的觀測是由日本海上保安廳（類似臺灣的海巡署）定期進行。至今以來，海上測量總是會花上比陸地測量更多的時間與成本，也無法進行連續觀測，不過觀測裝置經過改良、精準化後，未來或許能夠解決這些問題。

觀察即時變化的系統

觀測板塊邊界的黏結強度，或許能預測未來地震的發生。

地震發生前，黏結較強的區域稱為「突起」（asperity，亦稱地栓、粗糙體），其周圍會發生慢地震（slow earthquake），導致突起逐漸剝離乃至於支撐不住

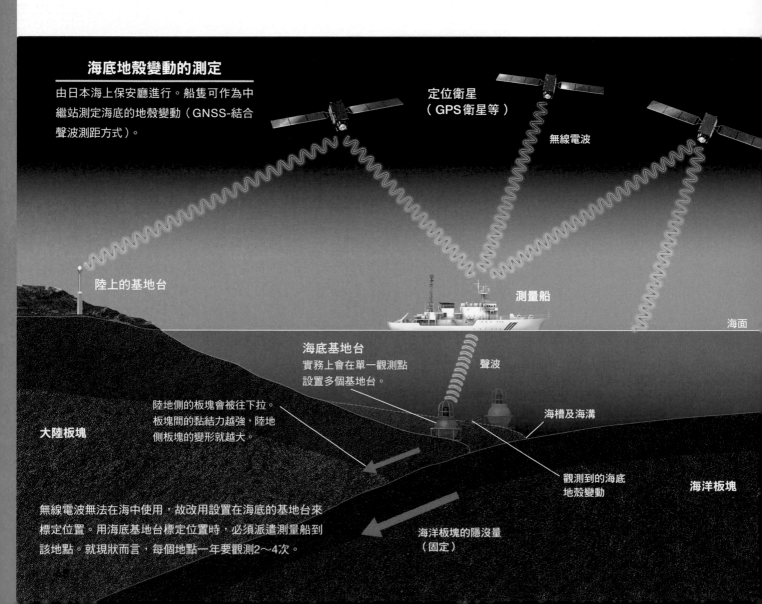

海底地殼變動的測定

由日本海上保安廳進行。船隻可作為中繼站測定海底的地殼變動（GNSS-結合聲波測距方式）。

定位衛星
（GPS衛星等）

無線電波

陸上的基地台

測量船

海面

海底基地台
實務上會在單一觀測點設置多個基地台。

聲波

海槽及海溝

陸地側的板塊會被往下拉。板塊間的黏結力越強，陸地側板塊的變形就越大。

大陸板塊

觀測到的海底地殼變動

海洋板塊

無線電波無法在海中使用，故改用設置在海底的基地台來標定位置。用海底基地台標定位置時，必須派遣測量船到該地點。就現狀而言，每個地點一年要觀測2～4次。

海洋板塊的隱沒量
（固定）

時，板塊就會一口氣大幅錯動而產生地震。

若能即時觀察到這種現象，就有可能在地震將要發生的時候預知到地震。

舉例來說，紀伊半島近海室戶岬到潮岬近海的海底，有日本海洋研究開發機構（JAMSTEC）開發、建構的「DONET」（Dense Oceanfloor Network system for Earthquakes and Tsunamis）觀測網。**DONET共有51個觀測、監視地震及海嘯的點，由約700公里的纜線連接而成。**DONET還連接了名為「LTBMS」（Long Term Borehole Monitoring System）的海底孔內觀測系統，可透過各種感應器（地震儀、應變計、傾斜計、溫度計、壓力計等）即時觀測孔洞內的資料。

S-net（日本海溝地震海嘯觀測網）是將可觀測地震與水壓的一體化觀測裝置接上海底纜線連成的觀測網。這些觀測裝置設置在約150個地方，纜線全長約5500公里。這些觀測資料會送到日本防災科學技術研究所等處，用於監視地震、海嘯以及分析海域的地殼結構等等。

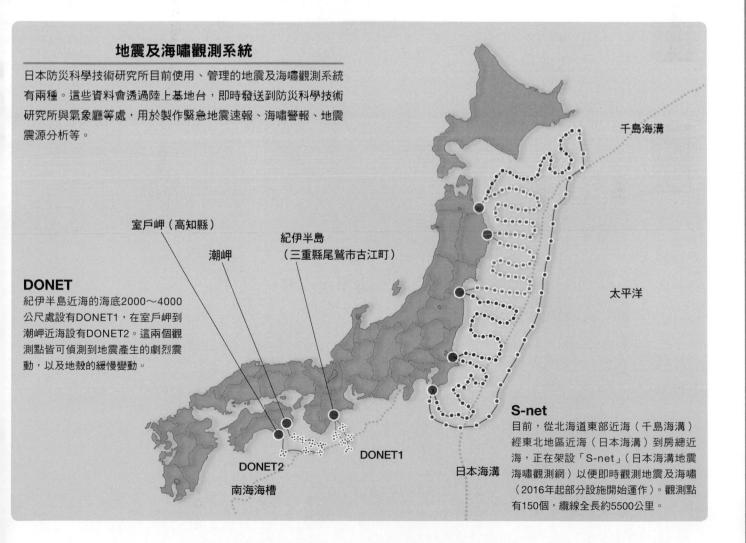

地震及海嘯觀測系統

日本防災科學技術研究所目前使用、管理的地震及海嘯觀測系統有兩種。這些資料會透過陸上基地台，即時發送到防災科學技術研究所與氣象廳等處，用於製作緊急地震速報、海嘯警報、地震震源分析等。

DONET

紀伊半島近海的海底2000～4000公尺處設有DONET1，在室戶岬到潮岬近海設有DONET2。這兩個觀測點皆可偵測到地震產生的劇烈震動，以及地殼的緩慢變動。

室戶岬（高知縣）

潮岬

紀伊半島
（三重縣尾鷲市古江町）

千島海溝

太平洋

DONET2

DONET1

南海海槽

日本海溝

S-net

目前，從北海道東部近海（千島海溝）經東北地區近海（日本海溝）到房總近海，正在架設「S-net」（日本海溝地震海嘯觀測網）以便即時觀測地震及海嘯（2016年起部分設施開始運作）。觀測點有150個，纜線全長約5500公里。

地層

地表岩石破裂粉碎後
堆積在海洋、湖泊之中

地 表岩石在太陽的熱和光、雨水的化學反應或是生物作用下，會逐漸崩解風化。因風化而變得脆弱的地表岩石會被降雨或河流、冰川等侵蝕。

在風化與侵蝕的作用下，**岩石會轉變成碎屑物（礫石、沙、泥的總稱），往海拔低的地方流動**（搬運）。**海拔變低、傾斜度變緩之後，碎屑物會停止移動而堆積在該處。**不同時代流入海底的碎屑物也不一樣，故會形成多種

伊豆大島的地層剖面

沿著「大島環島道路」走到伊豆大島西南部，可以看到高24公尺、長630公尺的動態地層剖面。該地層是由堆疊成相同高度的火山灰形成。火山渣、火山灰、風化火山灰、腐植土經過1萬5000年的漫長歲月，層層堆積而成。在全世界的火山中，伊豆大島的火山算是科學分析進展最快的，因為該地層的剖面夠大。

地層（下方照片）。

調查沉積的岩石
可以瞭解當時的環境

　　碎屑物沉積在海底、湖底後，會因為成岩作用而固結成沒有空隙的沉積岩。**沉積岩種類繁多，包括礫岩、砂岩、頁岩、凝灰岩、石灰岩、燧石、岩鹽等。** 基於大地隆起、氣候變化等因素影響，沉積岩的種類也會隨之變化。因此，地層調查是瞭解當時環境的重要手段。

　　不少沉積岩中含有化石。包括**顯示該地層沉積時其環境樣貌的指相化石（facies fossil），以及揭示地層沉積年代的指準化石（index fossil）。**

　　千葉縣市原市的地層「千葉剖面」清楚顯示出了更新世中期（約77萬4000年前～約12萬9000年前）的特徵，故該年代被命名為「千葉期」（詳見第32頁）。

　　千葉期最下方的海底沉積地層中，可以看到地球歷史上最新的地磁反轉痕跡。

噴發的原理與汽水相同

火 山噴發是地下岩漿噴出地表的現象。岩漿在日本群島地下100～150公里附近生成。來自上部地函的岩漿會在地下數公里處形成「岩漿庫」（magma chamber）。

壓制岩漿的壓力一旦下降就會噴發

岩漿含有水蒸氣、二氧化碳、二氧化硫等成分。地下壓力極高，可將這些成分（氣體）與岩漿（液體）大幅壓縮在封閉空間。當我們打開汽水鋁罐的蓋子時會跑出二氧化碳泡沫，某些時候泡沫還會突然噴出。而火山噴發也是一樣的現象。當受到壓縮的岩漿由於某些原因突然降壓，就會讓溶解在岩漿的氣體成分析出。若這種現象劇烈發生，就會導致岩漿爆發性地噴出地表。噴出的岩漿會變成許多細小的碎片，溫度也會大幅降低，成為固態粒子的火山灰與浮石（pumice）等。這些粒子會與氣體成分一起隨著噴煙升上天空。

白砂台地

日本九州南部有個「白砂台地」。這是約2萬9000年前，鹿兒島縣姶良破火山口的超巨大噴發事件中，噴出的浮石與火山灰所堆積成的台地。白砂台地的保水力差且缺乏養分，故當地居民只能種植可適應貧瘠土壤的黃豆、番薯、油菜等植物，以獲得生命必需的營養素（蛋白質、醣類、脂質）。再者，姶良破火山口的噴發令日本關東地區與東北地區堆積了一層火山灰，亦即現在分布於日本各處的「AT火山灰層」。

各種火山噴發物質（成層火山）

噴煙
由火山氣體與火山碎屑物構成。火山氣體是火山口或噴氣孔噴出的氣體，通常有大半是水蒸氣。火山氣體中含有高比例的二氧化碳、二氧化硫、硫化氫等有害氣體，容易使人中毒。

熔岩流
若岩漿的黏性偏高，就會如插圖所示般爆發；若黏性偏低，岩漿就會轉變成液狀熔岩流向山腰。熔岩流有時可以流到10公里以外的地方。

岩漿庫
岩漿是岩石（地函）受熱融化後形成的液態物質。岩漿會在固定地點生成，譬如隱沒帶、中洋脊、熱點等處。上部地函生成的岩漿比周圍岩石還要輕，故會上升，在地下數公里處形成岩漿庫。

火山灰
會隨著火山口的噴煙往上飄舞，在高空被風吹開成一大片。火山灰會造成飛行中的飛機引擎故障，落至地面會造成農作物毀損。

火山碎屑物
岩漿內的水析出後形成的多孔質浮石、火山口周圍的岩石等物粉碎後的產物。直徑 2 毫米以下的碎屑物稱作「火山灰」（volcanic ash），介於 2～64 毫米之間稱作「火山礫」（lapilli），超過64毫米稱作「火山塊」（volcanic block）。

山體崩毀
爆發性噴發或地震造成山崩的現象。

火山碎屑流
較重的噴發物無法升空而沿著山坡流下，其時速可高達100公里。有時火山碎屑流會造成熔岩穹丘（lava dome，熔岩在火山口附近堆積而成的丘陵）整個崩毀，譬如1990年長崎縣雲仙普賢岳的噴發。

各種大小與結構的火山

火山按種類可以分成「單成火山」（monogenetic volcano），以及使用同一條熔岩管（岩漿通道）噴發多次的「複成火山」（polygene volcano）。前者多為小型群聚火山，後者多為大型孤立存在的火山（日本常見的火山屬於此類）。以下將介紹這兩種主要的類型。

單成火山

熔岩穹丘

黏性高的熔岩在火山口上堆疊形成的半球狀小火山。熔岩管會被逐漸上升的熔岩擠壓，使之前噴出的熔岩橫向擴張，形成洋蔥般的結構（例：雲仙普賢岳等）。

火山渣錐

火山碎屑物中的「火山渣」（cinder）在火山口周圍堆積而成的丘陵。可在數天至數年內快速形成。通常高度在200公尺以下，火山口直徑在100～200公尺左右（例：伊豆東部火山群的大室山等）。

凝灰岩環

高溫岩漿接觸到海水或地下水時，會產生強烈的「岩漿水蒸氣爆發」，使火山口周圍堆積的火山灰形成低矮的環狀山丘（例：伊豆大島波浮港周邊等）。另外，結構比凝灰岩環還要高（爆發力較弱）者則稱作「凝灰岩錐」。

大室山（火山渣錐）火山口

複成火山

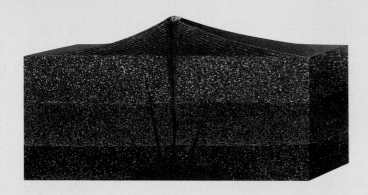

成層火山

火山噴發時的大規模爆發會讓熔岩、火山碎屑物等堆積在火山口周圍。圓錐形火山是日本最常見的火山，由黏度偏高的岩漿形成，傾斜度高的山體與廣大山麓原野為其特徵（例：富士山、淺間山、櫻島等）。

盾狀火山

傾斜度在10度以下的平緩錐狀火山。噴出物質時不會產生爆發性噴發，而是由多條黏度極低的熔岩流堆疊而成。譬如夏威夷的基勞厄亞火山、茂納凱亞火山（Mauna Kea）等。茂納凱亞火山是從海底開始成長的巨大盾狀火山，從海底計算的話高度可達1萬公尺（海拔4205公尺）。

破火山口

火山活動或火山口崩毀後形成，有著巨大圓形陷沒地形的火山。若過去形成的破火山口或一般火山口中有多個小火山，則稱作「複合火山」（composite volcano）（例：有珠山、阿蘇山、三原山等）。

不會噴出岩漿的噴發

爆發的火山噴發有多種類型。爆發的起因為水，可依此將火山噴發分成三大類。其一是溶在岩漿內的水轉變成水蒸氣，使岩漿體積增加的「①岩漿噴發」；其二是地下水等岩漿周圍的水直接接觸到岩漿而受熱轉變成水蒸氣，再與被水蒸氣撕裂的岩漿一起從火山口噴出的「②岩漿水蒸氣噴發」；其三是岩漿周圍的水被岩漿間接加熱成水蒸氣，將周圍岩石沖開的「③水蒸氣噴發」。①會產生熔岩流，噴出含有大量火山碎屑物的噴煙，可輕易辨別。②和③則不會產生熔岩流，且噴煙介於灰色和黑色之間。②的噴煙含有古老岩石的碎片，以及急速冷卻的岩漿所形成的玻璃片。另一方面，③的噴煙則不含有岩漿急速冷卻後形成的玻璃片。

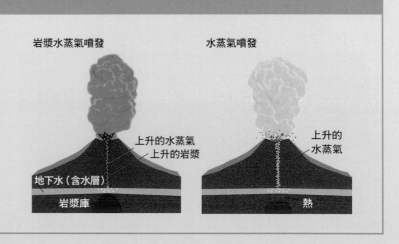

岩漿水蒸氣噴發　　　　　水蒸氣噴發

上升的水蒸氣
上升的岩漿
上升的水蒸氣
地下水（含水層）
岩漿庫
熱

依照發生地點
將全球火山加以分類

依照發生地點，可將火山分成四種。從下方火山分布圖可以看出，大部分火山沿著太平洋的邊緣分布。這些「沿著海溝形成的火山」是由板塊隱沒生成的岩漿所構成。

另一方面，南太平洋、太平洋中央的夏威夷群島有幾座「孤立」的火山島或海底火山。<u>這些</u>

火山分布圖

A.
沿著海溝形成的火山
海溝一邊的板塊隱沒至另一邊板塊底下時，板塊會把周圍的水一起拖下去，這會使地函熔點大幅下降，轉變成岩漿。這種岩漿可形成火山。

　沿著太平洋邊緣分布的火山稱為「環太平洋火山帶」（ring of fire，又稱火環）。日本的火山也是沿著海溝分布，是環太平洋火山帶的一部分。

太平洋

A

B

海溝

隨著板塊隱沒形成的岩漿

熱點形成的火山島

呈點狀往上噴的岩漿會形成火山島或海底火山。

岩漿庫

火山稱為「熱點火山」。熱點火山也有可能「沿著地塹出現」，譬如非洲大陸東部（剛果民主共和國）的尼拉貢戈火山（Mount Nyiragongo）便相當著名。

大西洋中洋脊上的冰島，火山分布特別密集。中洋脊是海底的山脈，在山峰間的裂縫生成新的板塊，這個裂縫噴出的熔岩會形成新的火山。這種「中洋脊火山」的火山口常會排成一列，進行「裂縫噴發」。

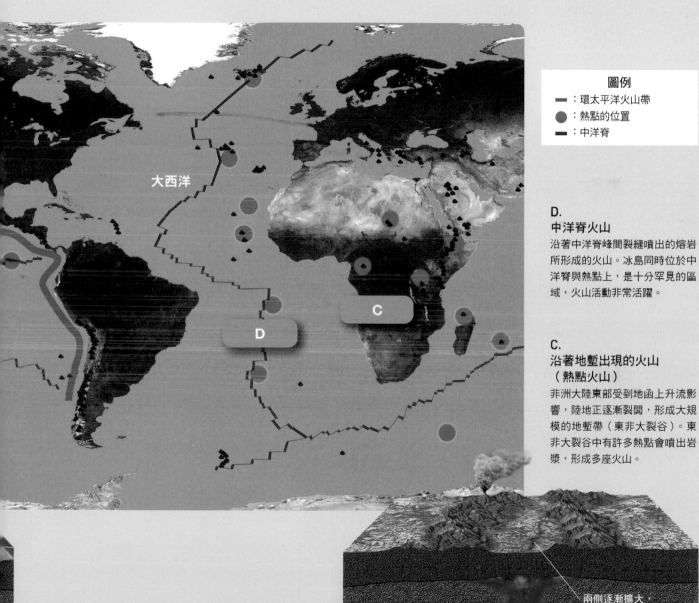

圖例
— ：環太平洋火山帶
● ：熱點的位置
— ：中洋脊

D.
中洋脊火山
沿著中洋脊峰間裂縫噴出的熔岩所形成的火山。冰島同時位於中洋脊與熱點上，是十分罕見的區域，火山活動非常活躍。

C.
沿著地塹出現的火山
（熱點火山）
非洲大陸東部受到地函上升流影響，陸地正逐漸裂開，形成大規模的地塹帶（東非大裂谷）。東非大裂谷中有許多熱點會噴出岩漿，形成多座火山。

B. 熱點火山
受到地函上升流的影響，南太平洋海底生成了許多熱點。這些熱點可能呈樹枝狀相連，一直延伸到夏威夷群島。
夏威夷群島是海底火山逐漸成長，露出海面的火山島。熱點位置基本上不會改變，但熱點上方的板塊會移動，故可推測火山島的排列方式與過去板塊的移動有關。

兩側逐漸擴大，使板塊變薄。

往上衝的岩漿形成火山。

多個火山口相連而成的「破火山口」

　　一般的火山噴發，始於岩漿流進岩漿庫導致壓力上升，在減壓時產生氣泡，滲入地面造成龜裂。另一方面，超巨大噴發（破火山口）則是由於巨大岩漿庫內部大量岩漿自身的浮力，滲入地面龜裂處而噴發。

何謂破火山口

日本主要的破火山口

- 十和田破火山口
- 屈斜路破火山口
- 加久藤破火山口
- 小林破火山口
- 阿蘇破火山口
- 洞爺破火山口
- 支笏破火山口
- 姶良破火山口
- 阿多破火山口
- 鬼界破火山口

破火山口形成過程

1. 岩漿蓄積
岩漿庫的結構還有待查明，不過在超巨大火山噴發處的地下10公里左右，可能有不少薄圓盤狀的岩漿庫。

岩盤龜裂

2. 開始噴發
蓄積大量岩漿後，岩盤較弱部分會因為岩漿的壓力而開始崩潰，造成火山噴發。此時會形成多個火山口，而這些火山口通常分布在岩漿庫的圓周邊緣上。

噴煙

岩漿庫的圓周邊緣出現火山口

超巨大噴發的岩漿為含有大量二氧化矽的「流紋岩岩漿」。流紋岩岩漿較輕，容易上浮。

地下的巨大岩漿庫為薄圓盤狀，地面上的龜裂多位於其邊緣（圓周附近），描繪出岩漿庫的輪廓。輪廓上有許多火山口，一邊成長一邊相連，最終會全部連在一起。岩漿會花上數小時至數天從地表噴出，使圓的中心區域留下空洞，岩盤失去支撐後便會陷落。

噴發趨緩後，會出現巨大的圓形陷落地形，名為「破火山口」（caldera）。其直徑為數公里至數十公里。另外，有時候即使不是超巨大噴發，仍然會形成破火山口。

阿蘇破火山口

南北25公里、東西18公里的破火山口，目前為市鎮與農地。阿蘇破火山口在約27萬年前（Aso-1）、約14萬年前（Aso-2）、約12萬年前（Aso-3）、約9萬年前（Aso-4）共發生了四次大規模噴發。

火山碎屑流、火山灰堆積物

火山碎屑流

破火山口邊緣

3. 火山口彼此相連

火山口擴大、相連成圓。岩漿噴出地表後，使中心部分變為空洞，失去支撐的岩盤就此崩落。

相連成圓周狀的火山口噴出大量濃煙。

4. 形成破火山口

噴發結束後，留下巨大的破火山口地形（火山臼）。火山口邊緣形成「外輪山」（somma）。噴發結束後，如果地下岩漿仍持續供給，那麼岩漿庫仍會繼續蓄積岩漿。經過數萬年至數十萬年後，同一個地方還會發生超巨大噴發。

現在的富士山是由三座火山疊合而成

富士山是日本的代表山岳。海拔3776公尺，特徵是輪廓細膩勻稱的優美山體。富士山歷經了數次噴發才成就今日的樣貌，並不是噴發一次就變成現在的樣子。就讓我們來仔細探討這件事。

富士山的形成過程

距今數十萬年前，在今日富士山往北一些的地方發生了一場噴發，「先小御岳火山」誕生。到了十幾萬年前，在先小御岳火山誕生的地方，「小御岳火山」開始噴發，將先小御岳火山埋在底下（**右圖1**）。到了10萬年前左右，輪到小御岳火山山腰的「古富士火山」開始噴發。古富士火山在多次爆發性噴發中持續成長（**2**）。到了大約1萬年前，現在的富士山「新富士火山」開始噴發，蓋住了古富士火山。新富士火山產生的大量熔岩在短時間內流至周圍各地，將古富士火山整個埋了起來（**3**）。

也就是說，現在的富士山是由三座火山※**疊合而成，且新富士火山現在仍持續活動中。**

※編註：是指小御岳火山、古富士火山、新富士火山。

豐沛水源環繞的富士山

富士山有「水之山」的美名。山麓有許多湧泉，總量可達每天500萬噸以上。在大約1萬年前，富士山活躍的噴發流出許多岩漿，在古富士火山時代形成的泥流層（不透水的地層）上堆疊成板狀結構，成為熔岩層。熔岩層在層與層之間有許多空洞，可容納大量融雪生成的水。這些水會在熔岩層的末端湧出地表。

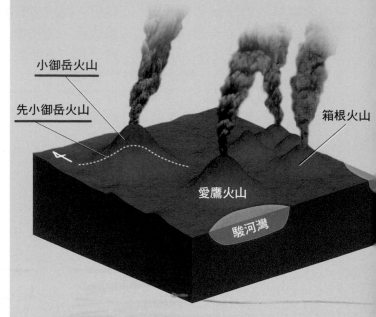

1. 數十萬～十幾萬年前

從數十萬年前開始的火山噴發，形成了先小御岳火山。此時，箱根火山與愛鷹火山也相當活躍。到了十幾萬年前，小御岳火山開始噴發，掩埋了先小御岳火山。

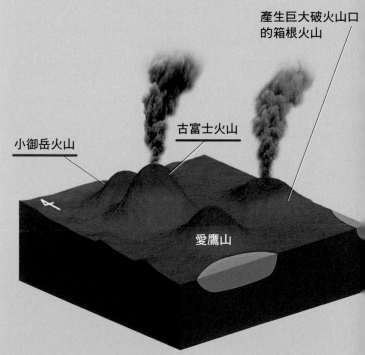

2・約10萬～約1萬年前

約10萬年前，小御岳火山山腰開始噴發，在多次爆發性噴發下形成了古富士火山。另一方面，箱根火山在數次爆發性噴發後，形成了直徑約10公里的巨大破火山口（愛鷹山在這段期間內停止噴發）。

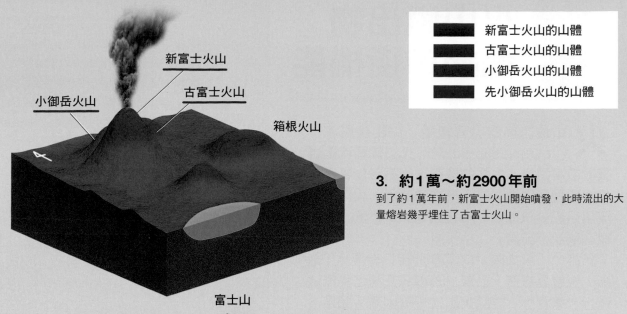

小御岳火山　新富士火山　古富士火山　箱根火山

3. 約1萬～約2900年前

到了約1萬年前，新富士火山開始噴發，此時流出的大量熔岩幾乎埋住了古富士火山。

富士山　　　　　　　　　箱根火山

愛鷹山

駿河灣

富士山的內部結構

現在的富士山（新富士火山）底下埋著先小御岳火山、小御岳火山、古富士火山。新富士火山的東側山坡曾露出過去古富士火山的山頂，卻在約2900年前的「御殿場岩屑崩落事件」中崩毀。

照片為富士山與東北山麓平原的富士吉田市（山梨縣）。

火山噴出物癱瘓市街機能

火山最恐怖的災害當屬「火山碎屑流」（pyroclastic flow）。**火山碎屑流是岩漿冷卻凝固後，生成的浮石、岩石等物質混入火山氣體及周圍空氣所形成的流動。**火山碎屑流溫度超過500℃，時速超過100公里，想退避逃離並不容易。

另外，「火山灰」的落塵即使只有累積1毫米，也會讓鐵道、公車、飛機等交通工具無法運行。事實上，去除火山灰十分困難。如果被雨淋溼，火山灰會凝結成混凝土般的沉重固體。而且火山灰不像雪一樣會融化，所以不能將大量火山灰沖入下水道。

由日本政府中央防災會議設置的專家會議指出，一旦富士山劇烈噴發，東京市中心可能會落下厚約10公分的「火山灰」。同一份報告亦指出，需要處理的火山灰總量高達4.9億立方公尺，這相當於用10噸卡車載運9800萬次才能清運完畢。也就是說，當災害發生時，包含東京在內的鄰近地區會在長時間內持續受火山灰所苦。

侵襲山麓地帶的山體崩塌與岩屑流

爆發性噴發或地震造成的強烈搖動，可能會觸發「山體崩塌」現象。山體崩塌並不是單純的土石流。山體崩塌時，深層的岩盤也會崩毀，「岩屑流」將以時速200公里左右的速度沿著山坡滑下。不僅會在一瞬間掩蓋大範圍地區，流入河川或海中的話還可能引發洪水或海嘯，火山泥流亦有可能造成二次災害。

另外，火山氣體幾乎由水蒸氣構成，含有高濃度的二氧化碳、二氧化硫、硫化氫等有害氣體，有中毒的危險。

襲擊市街的火山碎屑流與火山灰

火山碎屑流會以猛烈的速度自山坡流下。在富士山山頂以南約17公里的靜岡縣富士市，就有火山碎屑流的痕跡。換言之，如果富士山劇烈噴發，通過該處的東名高速公路與東海道新幹線可能會斷成數截。

另外，大面積落在山麓的火山灰會癱瘓市街的機能。舉例來說，潮溼的火山灰附著在電線上時，可能會讓電線短路，造成大規模停電。吸入風揚起的火山灰也會危害許多人的健康。

5km

富士山 ▲

山中湖

火山碎屑流的
受災假定範圍

×

新富士站 × 東名高速公路

東海道新幹線

由日本內閣府主導、製作的
「富士山災害地圖」畫出了
火山碎屑流的受災假定範
圍，以及過去地質調查中發
現的火山碎屑流痕跡（×記
號）。如果發生大規模的火
山碎屑流，連接日本東西的
交通主幹道可能受到波及。

火山噴發之前
發生的前兆現象

火山噴發之前,會發生許多前兆現象。**譬如岩漿蓄積、上升,造成山體膨脹。火山性地震的發生也是一種噴發訊號。另外,也可能會發生火山氣體噴發、地熱上升、地磁異常等情況。**

日本氣象廳、大學及研究機關所設置的儀器,每天觀測這些資料以供科學家預測噴發時間。

不過,噴發預測並不容易,因為不同火山在噴發前的前兆現象有不同的模式。再者,如果是過去缺乏資料記錄的火山,就算捕捉到其噴發前兆,也難以判斷該火山是否真的會噴發。即使觀測到明確的前兆現象,在噴發之前也未必有足夠的時間做出對策。

雖然平常幾乎不會發生足以威脅到我們日常生活的災害,不過持續關心相關資訊,也是件相當重要的事。

淺間山

2009年2月日本淺間山(群馬縣、長野縣)的噴發,是成功預測噴發事件的一例。據說噴發徵兆是從前一年的7月左右開始。以GPS持續觀測淺間山周圍的大地變動後發現,火山口周圍兩點間的距離從原本傾向縮小轉為傾向拉大。這表示火山口地下深處的岩漿供給變得相當活躍。

※淺間山山腰設置了掩體。火山噴發時,可保護人們免受火山口飛出的火山礫傷害。

360度觀察富士山的噴發觀測網

為了捕捉噴發的前兆，日本地方政府與研究機構在富士山上設置了觀測站，圖中列出了這些觀測站的位置。岩漿上升過程中會發生火山性地震，觀測這些地震可以推測噴發的開始時間，由震源分布可以推估岩漿位置，故研究單位在大範圍區域內設置了地震儀。另外，山體設置的GPS及傾斜計是為了捕捉岩漿上升時山體的膨脹情況。

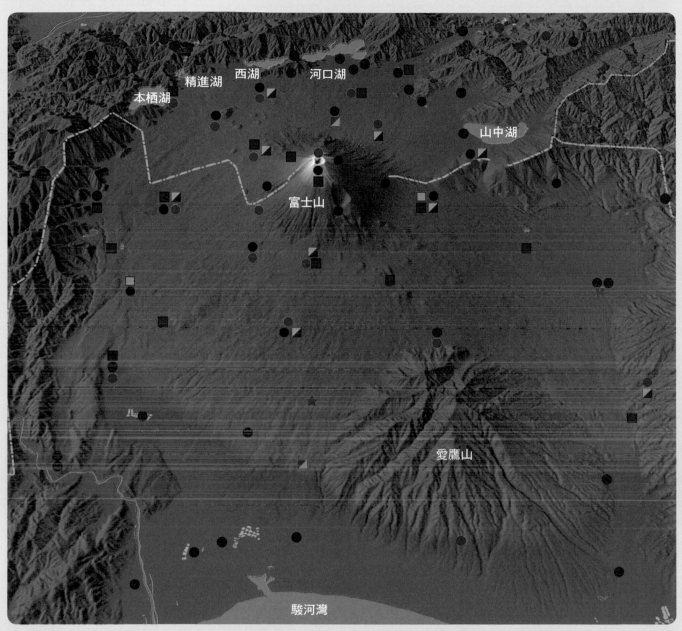

＊插圖是根據火山噴發預知連絡會藤井敏嗣會長提供的資料製成

圖例

觀測地震	
●	高敏感度地震儀 偵測無感地震及微小地震。
●	震動觀測（短週期） 主要觀測高頻率地震及火山性擾動。
●	震動觀測（寬頻） 主要觀測低頻率地震及火山性擾動。
●	震度計 根據地震的加速度及週期計算震度。

觀測岩漿蓄積	
■	GPS 觀測兩點間距離的移動。
◪	傾斜計 觀測山的斜坡傾斜度變化。
◪	應變計 觀測地下岩盤的伸縮情況。

其他	
■	空氣振動觀測 觀測爆發性噴發所產生的衝擊波（空氣振動）。
⌗	望遠觀測 透過高敏感度的即時攝影機觀測整個山體。
★	磁場觀測 大部分構成火山的岩石都帶有磁場，不過當岩漿上升時岩石的溫度會跟著上升，就會失去磁場。可透過磁場的變化來推估岩漿的變動。

地球的火山活動
產生的各種礦物

我們一般說的石頭或石材，就是科學上所謂的「岩石」。一言以蔽之，岩石就是「礦物」的集合體。

鑽石或紅寶石（剛玉）、水晶（石英）等皆屬於礦物。經過調查後可知，礦物擁有特定的化學組成與特定的結晶結構。地球上約存在5000種礦物。

依照形成方式
為岩石分類

火山活動的象徵 —— 岩漿，是地下岩石融化後的產物。**岩漿冷**

高溫岩漿所生成的水晶（石英）

根據礦物組成的不同，生成變質岩的溫度及壓力條件也有所差異。有水晶（石英）或翡翠（輝石）產出的地方，表示該處在高壓條件下受到變質作用影響。

卻凝固後的岩石叫作「火成岩」（igneous rock）。其中，岩漿在地表或靠近地表處急速冷卻的產物叫作「火山岩」（volcanic rock），以玄武岩、安山岩為代表。另一方面，**在地下緩慢冷卻凝固的岩石叫作「深成岩」（plutonic rock）**，以花崗岩為代表。

形成地層的沉積岩（sedi- mentary rock）則是地表岩石受到風化、侵蝕後產生碎裂，在海底或湖底堆積形成的岩石。構成沉積岩的不只地表岩石碎屑，還包括生物遺骸、火山噴出物、化學反應後的沉澱物等，這些東西沉積後也可能會形成岩石。

當地下岩石長期處於高溫高壓環境，岩石中的礦物會保持固態，但化學組成可能會改變，使結晶結構出現變化。這種作用稱作「變質作用」，**在變質作用下生成的岩石就稱為「變質岩」（metamorphic rock）**。舉例來說，堅硬而常用於建築石材的大理石，就是石灰岩接觸到高溫岩漿，產生變質作用而生成的岩石（大理岩）。這種變質作用叫作「接觸變質作用」（contact metamorphism）。

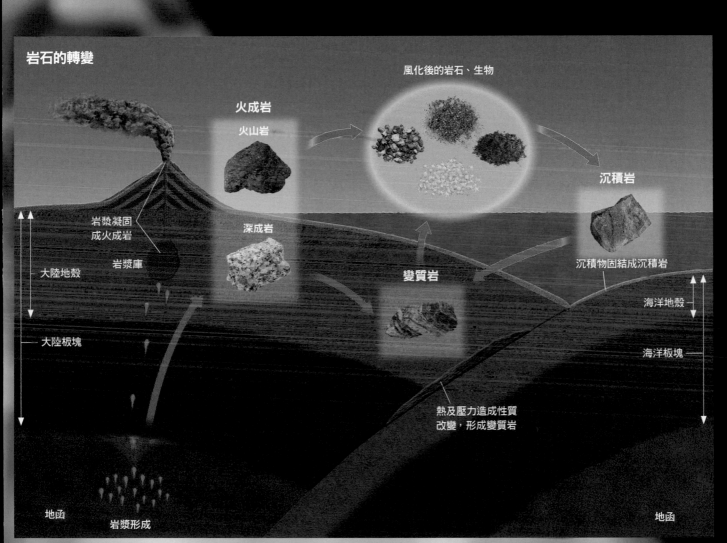

岩石的轉變

風化後的岩石、生物

火成岩
火山岩

岩漿凝固成火成岩

岩漿庫

深成岩

沉積岩

沉積物固結成沉積岩

變質岩

大陸地殼

大陸板塊

海洋地殼

海洋板塊

熱及壓力造成性質改變，形成變質岩

地函

岩漿形成

地函

岩石的形成過程示意圖。一般而言，在地面下越深的地方，岩石的溫度、壓力就越高。當板塊夾帶海水隱沒時，高溫高壓的地下岩石容易熔化成岩漿。岩漿在地表或接近地表處急速冷卻凝固時會形成火山岩，在地下緩慢冷卻凝固時會形成深成岩，兩者皆屬於火成岩。另外，地表岩石經風化、侵蝕變成細小微粒後會在水底沉積，生物遺骸等物質亦同。沉積物固結後形成的岩石稱作沉積岩。岩石在地下受熱受壓會產生變質作用，在固態下改變其性質，成為變質岩。這些岩石可能會在地下深處移動，若再次碰上岩漿，其樣貌可能再度改變，如此不斷循環。

史無前例的大災害
會以何種方式出現

2011年3月11日，太平洋板塊隱沒帶的日本海溝附近區域，發生了M9.0的超巨大地震「東北地方太平洋近海地震」。震源區從岩手縣近海延伸至茨城縣近海，南北約500公里，東西最寬處約200公里（右圖粉色～紅色區域）。

這個範圍究竟有多大呢？可以比較同一張圖中「宮城縣近海地震」的震源區（以水藍色表示），以及曾引起大海嘯的「貞觀地震」推估震源區（以黃色表示）即可明白。分析結果顯示，滑動量的最大值超過50公尺。太平洋板塊的隱沒速率為每年8.5公分左右，簡單計算可知這次地震相當於600年的滑動量。

另外，滑動量較大的地方相當靠近海溝所在位置，這點讓人十分訝異。一般而言，海溝附近區域的板塊彼此黏結力較弱（因為板塊運來的海底沉積物陷入了板塊邊界），較不會出現錯動。

數百年來一直維持強黏結力的突起，則比海溝所在位置還要靠近陸地一些。有人認為海溝附近區域對這個突起而言就像「迴紋針」一樣，並沒有很強的黏結力。無論如何，可以說是在預期之外的位置累積了超乎想像的應變量，才引起了東北地方太平洋近海地震。

造成大規模災害的兩階段海嘯

一般而言，海嘯靠近海岸時，形狀會崩解[※]。不過在東北地方太平洋近海地震中，設置於近海海底的兩個水壓計觀測到海嘯發生後，形狀幾乎沒有崩解。而且兩個水壓計的資料皆顯示，水位緩慢而持續上升了很長一段時間，這表示海底有大範圍隆起，抬起了約200公里（震源區的東西寬度）的海水。海嘯前端到達海岸後，長時間維持在高水位，導致海嘯淹過整個仙台平原、深入內陸，抵達距離海岸線4公里以上的地方。

觀測資料顯示，除了持續性的水位上升之外，還出現了突發性的水位大幅上升現象。這是因為震源區海溝周圍的海底在狹窄範圍內有非常大的隆起。這會讓海嘯的持續時間變短，並產生超過15公尺高（淹水高度）的海嘯侵襲各地。

從311大地震能學到什麼

在《日本三代實錄》這個平安時代的歷史書中，記錄了當時發生的貞觀地震。貞觀地震發生時，其海嘯沉積物所抵達的範圍幾乎與東北地方太平洋近海地震相當，所以推估其規模應該在8.4以上。

我們無法保證下一次地震的情況與過去的地震相同。且相對於數百年以上才出現一次的地震，近代的觀測資料只有100年左右也是事實。因此，我們只能透過記錄，以過去地震的發生地點、受災情況等資訊為基礎，讓每個人在平時就做好準備，這才是最重要的。

※：海嘯在近海發生時，傳播過程中其形狀幾乎不會改變。抵達水深較淺的海岸附近時，速度會下降，此時後方的波追上使海嘯逐漸變高，形狀也逐漸崩解。

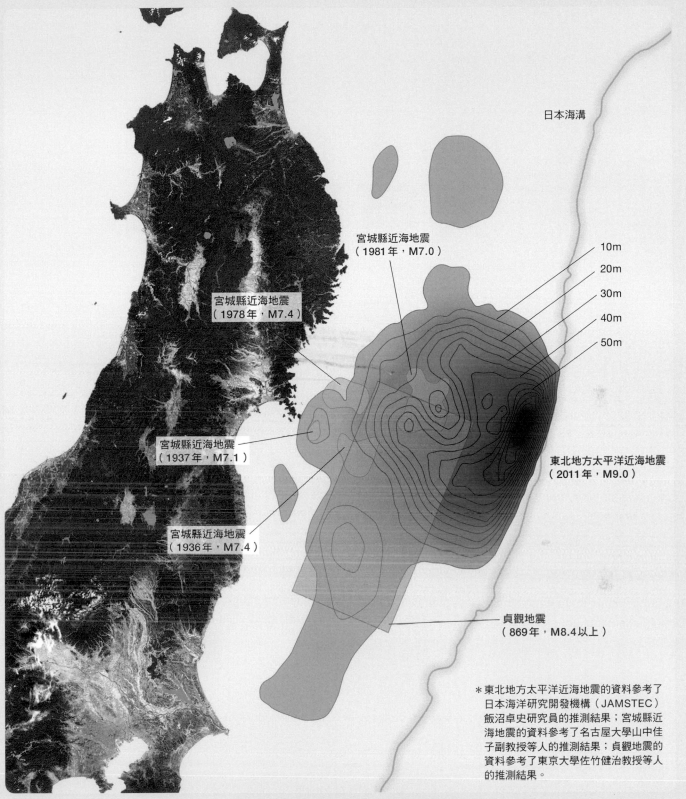

日本海溝

宮城縣近海地震
（1981年，M7.0）

10m
20m
30m
40m
50m

宮城縣近海地震
（1978年，M7.4）

宮城縣近海地震
（1937年，M7.1）

東北地方太平洋近海地震
（2011年，M9.0）

宮城縣近海地震
（1936年，M7.4）

貞觀地震
（869年，M8.4以上）

＊東北地方太平洋近海地震的資料參考了
日本海洋研究開發機構（JAMSTEC）
飯沼卓史研究員的推測結果；宮城縣近
海地震的資料參考了名古屋大學山中佳
子副教授等人的推測結果；貞觀地震的
資料參考了東京大學佐竹健治教授等人
的推測結果。

東北地方太平洋近海地震中出現滑動的區域

圖中，越接近紅色則滑動量越大，越接近粉色則滑動量越小。另外，相鄰等高線表示每5公尺的
滑動量差距。

宮城縣近海地震大約每30～40年就會發生一次。一般推測宮城縣近海地震的發生區域可能有多
個突起，有些地震可能由單獨的突起引發，有些是由多個突起聯合引發。

3 大氣與海洋

地球之所以能夠孕育各種生命，與大氣的存在有著密不可分的關係。正因為有了大氣，地表氣溫才得以如此溫和，也保護著地球上的生物不受來自太陽的有害紫外線傷害。大氣也是季節、天氣變化的成因。此外，海洋對生命的重要性與大氣相當。地表有大約70%是海洋，海洋的熱容很大，可避免氣溫急遽變化。當然，海洋也對季節與天氣變化有很大的影響力。第3章就要來詳細說明大氣、海洋與宇宙、地形之間的關係。

覆蓋地球的大氣可分為四層

地球為厚達數百公里的大氣所包覆，依照溫度變化的特徵可將其分成四層。

離我們最近的是**高度1萬1000公尺以下的「對流層」（troposhpere）**。在對流層中，高度越高則氣溫越低，譬如山頂的溫度比山腳低。對流層的大氣在地表加熱後會開始對流，由此生成雲，產生降雨等天氣現象。

在高度1萬1000～5萬公尺的「平流層」（stratosphere）中，臭氧層可吸收對生物有害的紫外線，加熱大氣。因此在平流層中，高度越高則氣溫越高。

再往上還有高度5萬～8萬公尺的「中氣層」（mesosphere）以及高度8萬～50萬公尺的「熱氣層」（thermosphere，又稱增溫層）。中氣層中的高度越高則氣溫越低，在與熱氣層的交界處可低達零下80℃。但由於大氣密度較低的緣故，即使接觸到這裡的空氣也不會覺得冷。另一方面，熱氣層中的高度越高則氣溫越高，這是因為受到來自太陽的紫外線及X射線影響所致，甚至可能會超過2000℃。

天空為什麼呈現藍色

空氣為無色透明，那為什麼天空是藍色的呢？空氣分子會散射太陽光中的藍光、紫光等波長較短的光。當我們看到這些散射的光，就會認為天空是「藍色」的（看不到紫色是因為人眼對藍光的敏感度比紫光高）。

那麼，為什麼傍晚的天空看起來是紅色的呢？當太陽西沉至地平線附近時，陽光需在大氣層中行進很長的距離，才能抵達我們的眼睛。波長較短的光進入大氣層後較早散射開來，所以幾乎不會進入我們的眼睛。於是，只有波長較長的紅光留了下來，散射之後變成所謂的「晚霞」。

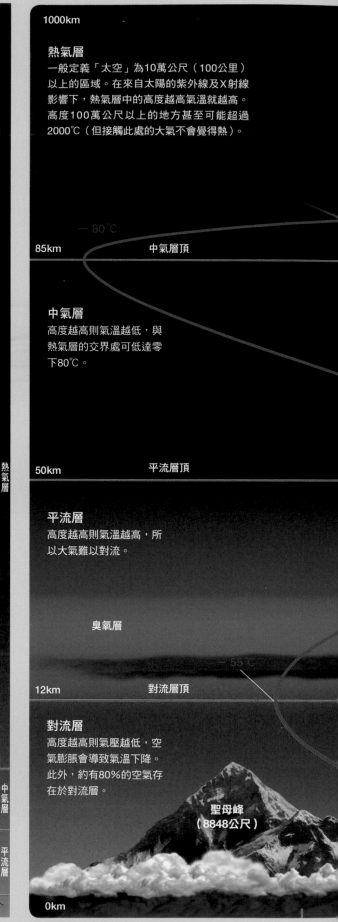

1000km

熱氣層
一般定義「太空」為10萬公尺（100公里）以上的區域。在來自太陽的紫外線及X射線影響下，熱氣層中的高度越高氣溫就越高。高度100萬公尺以上的地方甚至可能超過2000℃（但接觸此處的大氣不會覺得熱）。

－80℃

85km　　　　中氣層頂

中氣層
高度越高則氣溫越低，與熱氣層的交界處可低達零下80℃。

50km　　　　平流層頂

平流層
高度越高則氣溫越高，所以大氣難以對流。

臭氧層

－55℃

12km　　　　對流層頂

對流層
高度越高則氣壓越低，空氣膨脹會導致氣溫下降。此外，約有80%的空氣存在於對流層。

聖母峰（8848公尺）

熱氣層
中氣層
平流層
對流層

0km

↑以四層的實際比例呈現

電離層
主要在熱氣層內，分布在距離地面約500公里的高空，可反射無線電波。收音機電波、無線通訊電波都是在電離層反射，才能抵達遠方。

國際太空站
（高度約400公里）

極光

溫度曲線

流星常出現的高度

夜光雲
在接近零下140℃時生成的雲。正式名稱為極地中氣層雲。幾乎都出現在夏季夜晚的高緯度地區上空。呈條紋狀，會微微擺動。成分及其發生原理仍有許多未解之謎。

紅色精靈
在中氣層發生的一種發光現象。與對流層的落雷相似，應是透過放電而發光的現象。

0 ℃

無線電探空儀
由橡膠氣球吊著的觀測儀器，可飛至距離地面約30公里的高度以觀測大氣狀態。世界各地的無線電探空儀會在每天的同一時間一起升空。

火山的噴煙

珠母雲

卷積雲

噴射機

砧狀雲

高積雲

積雨雲

積雲

富士山
（3776公尺）

層積雲

層雲

15 ℃

低緯度、中緯度以及高緯度的三大環流

地表大氣中，較暖較輕的空氣會形成上升氣流（低氣壓），在高空變冷變重時，會在其他地方形成下沉氣流（高氣壓）。下降至地表的大氣無處可去，就會往低氣壓的方向移動。如此，**氣溫差會產生氣壓差，進而成為大氣流動的驅動力。**

▋連接赤道與極區的大氣環流

地表的溫度差可見於陸地與海洋之間、草原與森林之間。另外，就整個地球的尺度來看，極地與赤道之間也有溫度差。

18世紀的氣象學家哈德里（George Hadley，1685～1768）考慮到這點，認為連接赤道與極地的大氣也存在環流。不過，因為地球自轉所產生的效果（科氏力：Coriolis force），使大氣的流動變得相當複雜。目前的大氣環流模型如下所述。

在低緯度地區，赤道產生的上升氣流會向南北流動，抵達南北緯30度附近時，部分空氣會冷卻下降並流回赤道。**這個南北向的大氣環流受到科氏力影響而偏移，使北半球地表附近出現東北風，南半球地表附近出現東南風。也就是「信風」（trade wind，又稱貿易風）。**

在緯度超過30度的地方，空氣受到科氏力的作用而往正東方吹，產生沿著東西向繞地球一圈的大氣流動，稱為「西風帶」（westerlies）或「盛行西風」（prevailing westerlies）。盛行西風的路徑就像波浪般在南北方向上搖擺，北半球的盛行西風可以把暖空氣帶向北方，把冷空氣帶向南方。

極地區域也會刮風。空氣在寒冷的極地冷卻下降，於地表朝著中緯度吹送。就像信風一樣，**這股冷空氣也會受到科氏力影響，在北半球形成東北風、在南半球形成東南風，稱作「極地東風」（polar easterlies）。**在這之後，這些空氣受到盛行西風帶來的暖空氣影響，轉變成上升氣流，最後回到極地上空。

自轉速度的緯度差產生的力（科氏力）

1. 緯度越高，自轉速度越慢。
2. 投手從赤道往北邊丟出球，從太空看來，這顆球在往北前進的同時也以每小時1675公里的速度（赤道的自轉速度）往東移動。
3. 北緯50度的地表（與捕手）往東移動的速度只有每小時1077公里，所以球會來到捕手的東側。
4. 從地面上看來，這顆球受到力的影響導致其前進方向往右偏。這種發生在自轉中的球體（地球）上，作用在移動中物體的假想力稱作「科氏力」。

1.

離赤道越遠，自轉速度越慢。

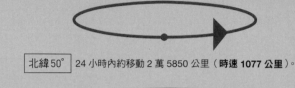

北緯50°　24小時內約移動2萬5850公里（**時速1077公里**）。

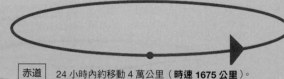

赤道　24小時內約移動4萬公里（**時速1675公里**）。

低緯度的「信風」

北極

1. 在赤道加熱而變輕的空氣上升。

2. 部分逐漸冷卻變重的空氣下沉。

赤道

3. 氣壓變低回到赤道。地表附近的風稱作「信風」。

赤道附近的截面圖（示意圖）

加熱上升

赤道

冷卻下降

南極

信風又名貿易風，源自於15～17世紀大航海時代，西班牙等國的帆船利用信風航行、與他國進行貿易，因而得名。產生信風的大氣流動與哈德里提出的概念相同，只有規模不一樣，故世人稱該環流為「哈德里環流」（Hadley circulation）以紀念其功績。

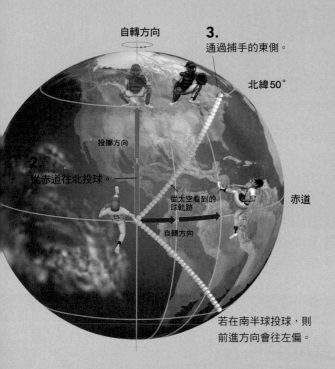

自轉方向

3.
通過捕手的東側。

北緯50°

投擲方向

2.
從赤道往北投球。

從太空看到的
球軌跡

赤道

自轉方向

若在南半球投球，則
前進方向會往左偏。

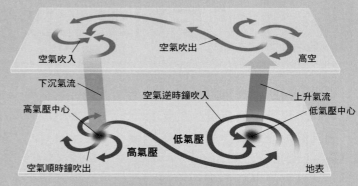

空氣吹入　　空氣吹出　　高空

下沉氣流　　空氣逆時鐘吹入　　上升氣流
高氣壓中心　　　　　　　　　　低氣壓中心
　　　　　　　　低氣壓
高氣壓
空氣順時鐘吹出　　　　　　　　　　地表

**高氣壓會順時鐘將空氣吹出，
低氣壓會逆時鐘將空氣吸入。**

在科氏力的作用下，北半球高氣壓吹出的風會往右偏，故會順時鐘吹出空氣，低氣壓則會逆時鐘吹入空氣。南半球的旋轉方向則剛好相反。在盛行西風的影響下，高空吹出與吹入的位置並不相同。

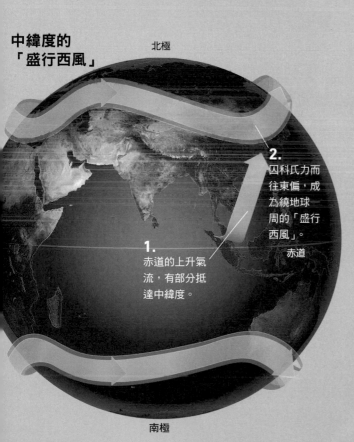

**中緯度的
「盛行西風」**

北極

2.
因科氏力而
往東偏，成
為繞地球一
周的「盛行
西風」。

赤道

1.
赤道的上升氣
流，有部分抵
達中緯度。

南極

利用盛行西風，從歐洲（倫敦）飛往日本（東京）的飛機，飛行
時間比逆向的飛機還要短1小時左右。

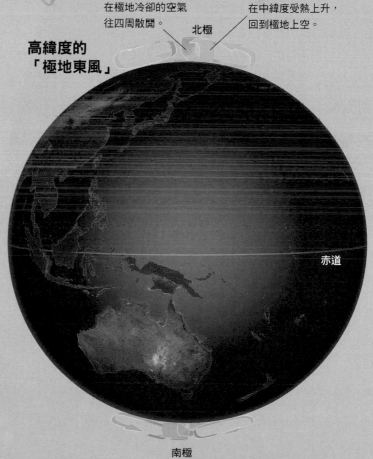

1.
在極地冷卻的空氣
往四周散開。

北極

2.
在中緯度受熱上升，
回到極地上空。

**高緯度的
「極地東風」**

赤道

南極

極地東風產生的「極地環流」。風力比信風或盛行西風還要弱。

氣溫取決於「太陽輻射」、「反射率」以及「溫室效應」

灑落的陽光加熱地球，對地球環境產生莫大的影響。**陽光的能量來自所謂的「太陽輻射」（solar radiation）。**

地球表面平均下來每平方公尺接收到342瓦的太陽輻射。實際上，不同緯度所接收到的太陽輻射有所差異，大氣及海洋的環流則會抵消不同緯度的溫度差異。並非所有的太陽輻射都用於加熱地球。

整體看來，抵達地球的太陽輻射大約有49%用於加熱地表，20%用於加熱雲及大氣中的水蒸氣。剩下的31%中，22%被雲層、9%被地表的雪等反射回太空。

影響地表溫度的最重要原因毫無疑問是「太陽輻射」，且太陽輻射的「反射率」也很重要。

除此之外，還有一個左右地表

決定氣溫的三要素

決定地表溫度的三大要素分別是太陽輻射、地球反射太陽輻射至太空的反射率（稱為「反照率」）以及溫室效應。

會影響反射率的自然界現象

火山的噴煙含有稱為「氣懸膠」（aerosol）的微小粒子。抵達平流層的氣懸膠會在這裡停留數年，造成陽光反射率提高，減少抵達地表的輻射量。雲與冰的存在也會提高陽光反射率。若地球寒冷化、冰塊增加，造成陽光反射率提高，就會讓地球更加寒冷化；反之，若暖化使冰塊減少、反射率下降，就會加速暖化。這種增幅效果稱作「正回饋」（positive feedback）。

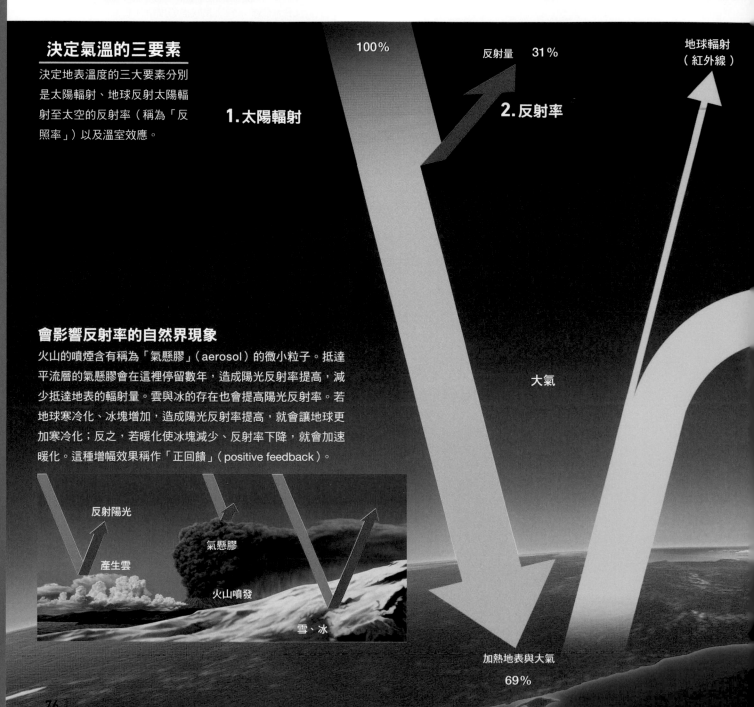

100%

1.太陽輻射

反射量　31%

2.反射率

地球輻射
（紅外線）

大氣

反射陽光

產生雲

氣懸膠

火山噴發

雪、冰

加熱地表與大氣
69%

溫度的重要因素。

基本上而言，**地球從太陽獲得的能量（太陽輻射）幾乎等同於地球釋放至太空的能量（地球輻射）**。能量的收入（太陽輻射）與支出（地球輻射）相等，所以地球的平均氣溫保持一定。

若不考慮大氣作用（溫室效應），僅由這些能量進出簡單計算地球的理論溫度，會得到零下18℃這個數值。

發現溫室效應

首位計算地球能量收支的人，是熱力學專家暨法國數學家傅立葉（Joseph Fourier，1768～1830）。**傅立葉主張「大氣吸收了原本要逃離地球、前往太空的地球輻射，這才是讓地球變暖的原因」，是「溫室效應」（greenhouse effect）的發現者。**

地球擁有大氣，其中亦含有二氧化碳（CO₂）等「溫室氣體」（greenhouse gas）。溫室氣體不會從陽光中吸收可見光，卻會吸收從地表放出的紅外線。在這之後，吸收的紅外線會再次往四面八方輻射，而這種再輻射可以加熱地球表面。因為有溫室效應，地表溫度（平均氣溫）才能常保在14℃左右。

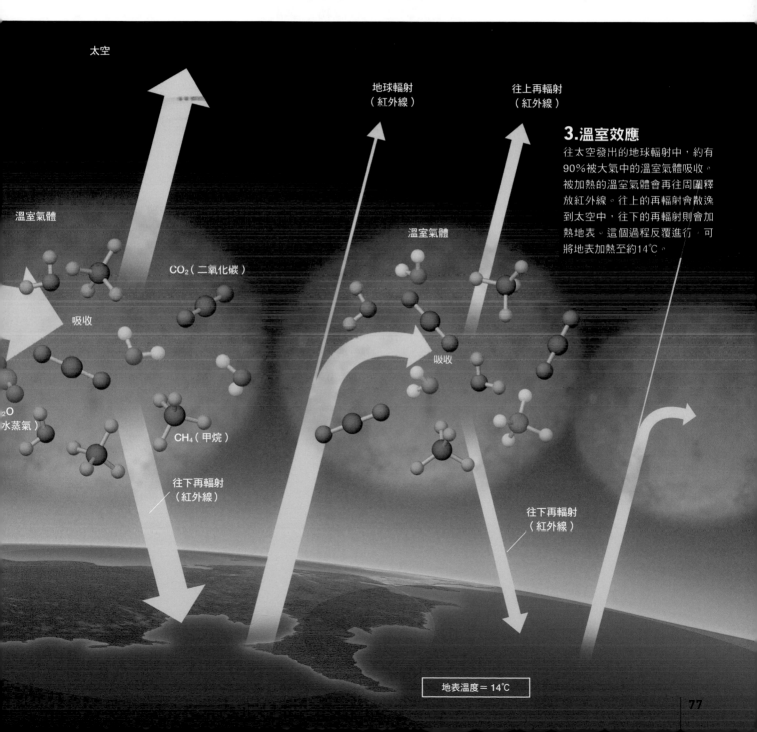

太空

地球輻射
（紅外線）

往上再輻射
（紅外線）

3.溫室效應

往太空發出的地球輻射中，約有90%被大氣中的溫室氣體吸收。被加熱的溫室氣體會再往周圍釋放紅外線。往上的再輻射會散逸到太空中，往下的再輻射則會加熱地表，這個過程反覆進行，可將地表加熱至約14℃。

溫室氣體

CO₂（二氧化碳）

吸收

吸收

溫室氣體

H₂O
水蒸氣

CH₄（甲烷）

往下再輻射
（紅外線）

往下再輻射
（紅外線）

地表溫度＝14℃

因喜馬拉雅山而生的東亞季風氣候

夏季時從海洋吹向陸地的涼風，稱作「海風」（sea breeze）。

陸地比海洋容易升溫，所以日出之後，陸地上的空氣會被加熱、膨脹。膨脹後的空氣抵達高空後，會往海洋的方向流動。空氣移動使得地表陸地為「低氣壓」，海洋為「高氣壓」。另一方面，在靠近海邊的陸地附近，空氣會從氣壓高的海洋往氣壓低的陸地吹送，這個風就是海風。另外，當夜晚陸地的溫度急遽下降，此時較冷的陸地空氣會形成高氣壓。與白天時正好相反，空氣從氣壓高的陸地往氣壓低的海洋吹送，形成所謂的「陸風」（land breeze）。

海風與陸風都是在海邊數公里範圍內的局部現象。**若將這個海風、陸風的形成機制擴大到數千公里的範圍，則稱為「季風」（monsoon）。**

亞洲的季風區相當有名。如右上插圖所示，夏季時強烈的日照讓印度內陸升溫，空氣便會從氣溫相對較低的海洋吹向內陸。這陣風夾帶著印度洋的大量水氣，撞上喜馬拉雅山後往上攀升，使水蒸氣凝結成雨滴落下。再者，這陣風是南風所以相當溫暖。**由這種高溫潮溼的風所造成的氣候叫作「季風氣候」（monsoon climate）。**

冬季則剛好相反，極冷的大陸內部會形成高氣壓，海洋則會形成低氣壓。往海洋吹送的冷空氣被喜馬拉雅山脈擋住而無法吹向印度洋，轉往東南方的太平洋吹去。也因此，東亞到了冬季會吹起寒冷的西風。

夏季海邊吹起的「海風」與「陸風」

白天在陽光照射下，海邊陸地的溫度會急遽上升，海洋的溫度則沒有太大變化。這會讓陸地與海洋的氣壓出現差異，產生空氣循環。此時，從海洋吹向陸地的風叫作「海風」。入夜以後沒了陽光，陸地溫度就會急遽下降，海洋的溫度則沒有太大變化。此時，空氣循環方向與白天時的情況剛好相反，這種由陸地吹向海洋的風稱為「陸風」。

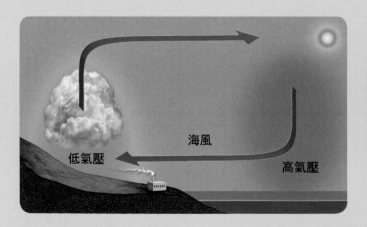

海風　低氣壓　高氣壓

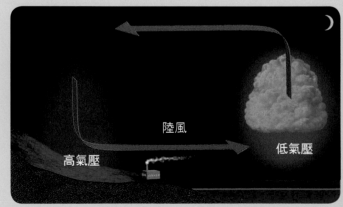

陸風　高氣壓　低氣壓

夏季（6～8月）

大規模的「海風」
讓亞洲形成高溫多溼的氣候

在高空冷卻後下降

高氣壓

低氣壓

喜馬拉雅山脈

印度洋

溫暖潮溼
的風

印度

撞上喜馬拉雅
山脈後降雨

上升氣流

中南半島

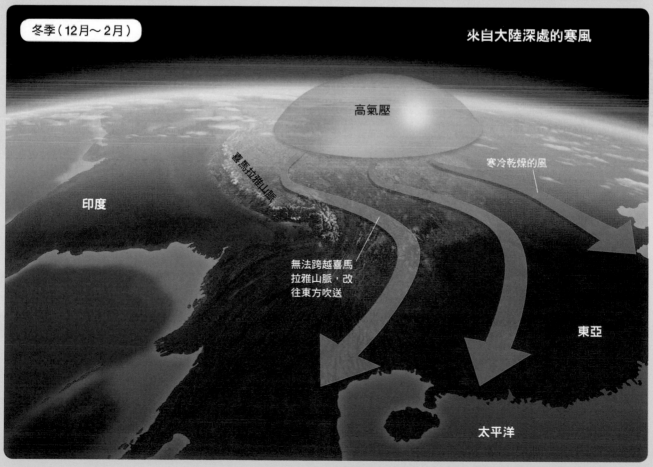

冬季（12月～2月）

來自大陸深處的寒風

高氣壓

喜馬拉雅山脈

寒冷乾燥的風

印度

無法跨越喜馬
拉雅山脈，改
往東方吹送

東亞

太平洋

地球擁有極為巨量的海水

地球是水的行星，表面7成被海水覆蓋，其體積達13.5億立方公里。

海水占了地球上所有水的97.4%，十分驚人。海水質量估計約為1.35×10^{18}公噸，相當於整個大氣質量的270倍左右。

擁有龐大水量的海洋，不斷蒸發大量水蒸氣供給至大氣。這些**水蒸氣移動到陸地後會凝結成雨，故也可以說海洋會透過大氣供給水分給陸地。**海洋的蒸發量

地球上的水從哪裡來？

右表列出了地球海洋、陸地、大氣中的水體積分別是多少。也列出了水在海洋、陸地、大氣之間的移動情況，並以黃色箭頭的寬度來表示體積比例。海水蒸發會將大量的水從海洋移動到大氣，同時，降雨又會將大量的水從大氣移回海洋。特定水分子在大氣中停留的時間（滯留時間）相當短，平均只有10天左右。

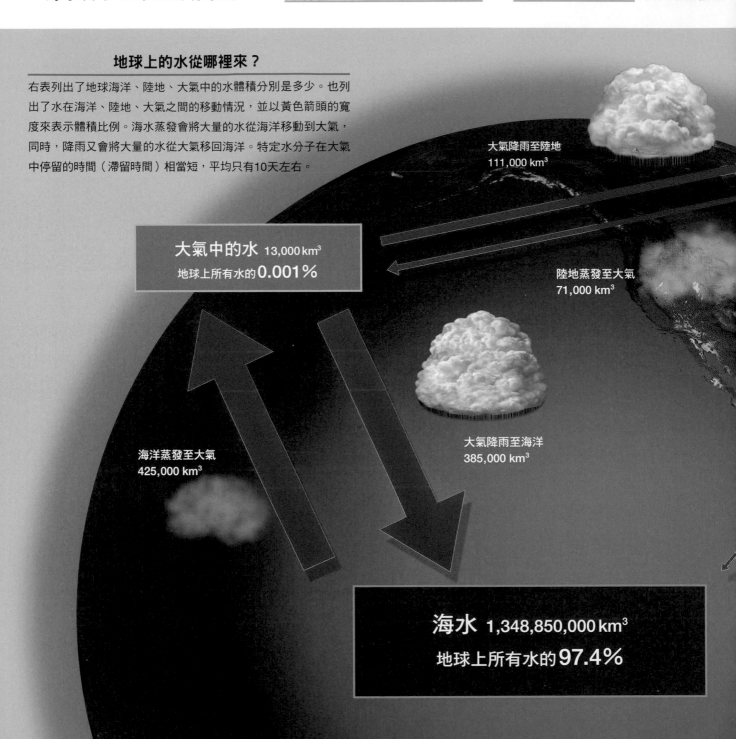

大氣降雨至陸地
111,000 km³

大氣中的水 13,000 km³
地球上所有水的 **0.001%**

陸地蒸發至大氣
71,000 km³

海洋蒸發至大氣
425,000 km³

大氣降雨至海洋
385,000 km³

海水 1,348,850,000 km³
地球上所有水的 **97.4%**

每年高達42.5萬立方公里，這個水量相當於讓海平面在一年內下降1.2公尺（一天3毫米）。

為什麼海面不會下降

不過，即使海洋的水氣形成了大量雨雪並降水至陸地，也會有幾乎等量的水從河川等處流回海洋，所以海水水位實際上並不會下降。

海水的溫度最低為零下2℃（北極等地），最高也不過30℃左右（熱帶區域）。也就是說，海水的溫度變化幅度為30℃左右。海水含有3.5％左右的鹽分，開始凍結的溫度為零下2℃，略低於純水（0℃）。

另外，不管海面水溫是多少，水深在數百公尺至1000公尺之間的海水水溫大多在5℃以下。

另一方面，陸地上的最低溫是零下90℃（南極），最高溫將近70℃（伊朗的沙漠），溫度變化幅度高達160℃。

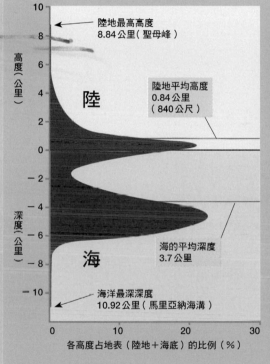

陸地上的水 35,987,000 km³
地球上所有水的 **2.6%**

陸地上的水分項	體積
冰　川	27,500,000 km³
地下水	8,200,000 km³
鹹水湖	107,000 km³
淡水湖	103,000 km³
土壤水	74,000 km³
河　川	1,700 km³
動植物	1,300 km³

陸地（河川及地下水等）
流入海洋
40,000 km³

海洋很深，深處積蓄了冰冷的海水

陸地最高高度
8.84公里（聖母峰）

陸地平均高度
0.84公里
（840公尺）

陸

海的平均深度
3.7公里

海

海洋最深深度
10.92公里（馬里亞納海溝）

高度（公里）
深度（公里）

各高度占地表（陸地＋海底）的比例（％）

海洋深度
平均為3.7公里

海洋中大部分區域的水深都大於2公里，其中又以水深5公里左右的地區最多。因此，相對於陸地平均高度只有840公尺，海洋平均深度約為3700公尺（3.7公里）。

※根據《海洋學》（日本東海大學出版會）製成

水溫（℃）

深度（公里）

熱帶
溫帶（夏）
溫帶（冬）
極區

※根據 Garrison（2002）製成

只有表面比較溫暖

即使是溫暖的熱帶海洋，到了水深數百公尺的地方，溫度也會急遽下降。到了水深1000公尺以下時，不管緯度是多少，大部分區域的海水溫度皆在5℃以下。在海面以下數百公尺內，深度增加時水溫也會急遽下降，故稱作「斜溫層」或「溫躍層」（thermocline）。海洋以這一層為界分成表層與深層。

加熱海洋比加熱大氣難上1000倍

為什麼海水比大氣還要難加熱呢？**使物體上升1℃所需的熱量稱作「熱容」（heat capacity）**。如果是性質相同的物體，那麼物體的量（質量）越多，熱容也會成正比增加。

物體的熱容大小取決於該物體的「比熱」（specific heat capacity）。所謂的比熱，是指

即使吸收大量的熱，海水的溫度變化依舊不大

海洋有多種性質與功能，其中之一就是「熱容很大」。圖中是將地球大氣整體溫度與海水整體溫度上升1℃所需的熱量進行比較。

大氣整體上升1℃
所需的熱量

大氣
+1℃

海水
+1℃

海水整體上升1℃
所需的熱量
（大氣的1000倍）

＊地圖資料：Reto Stöckli, NASA Earth Observatory

讓特定量的物體溫度上升1℃所需的熱量。也就是說，難以加熱（比熱較大）的物體含量越多，熱容就越大（整體也比較難加熱）。**海水比熱是大氣的4倍左右，且海水整體質量約為大氣的250倍。因此，海水整體的熱容高達大氣整體的大約1000倍。**

若海洋能保持溫度穩定，便可讓地球維持氣候溫和。對生命來說，也可以說是維持了良好的適居環境。

除此之外，海洋還有其他功能，像是吸收大氣中的二氧化碳（CO_2）等等。

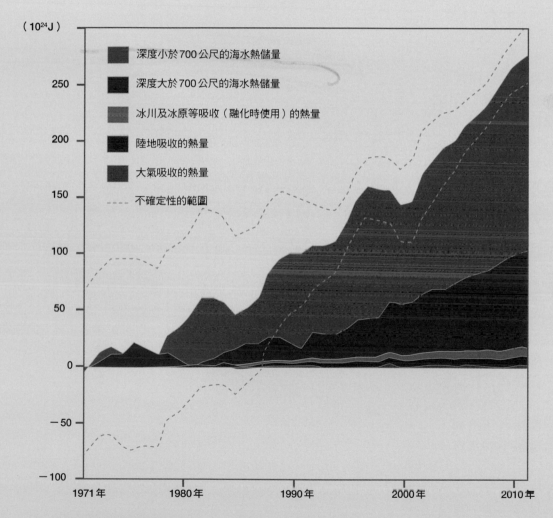

（10^{24} J）

- ■ 深度小於700公尺的海水熱儲量
- ■ 深度大於700公尺的海水熱儲量
- ■ 冰川及冰原等吸收（融化時使用）的熱量
- ■ 陸地吸收的熱量
- ■ 大氣吸收的熱量
- --- 不確定性的範圍

1971年　1980年　1990年　2000年　2010年

地球的熱儲藏在哪裡呢？
上圖是1971年到2010年這40年間，地球能量蓄積分配的評估結果。其中有大約9成的能量在海中。另外，虛線表示熱儲量整體資料的不確定性範圍。

＊根據「政府間氣候變化專門委員會」（IPCC）第5次評估報告書製成

以陽光能量驅動大氣
產生「天氣」的變化

地球上的天氣每天都在改變。那麼，天氣為何會改變？原因在於大氣會動態活動。

氣壓差生成風
水蒸氣凝結成雨

大氣運動的驅動力是地球接收的陽光。如同第78頁所述，陽光會加熱地表，地表亦會加熱空氣。加熱後的空氣比較輕，使地表氣壓降低而形成「低氣壓」（low pressure）。

另一方面，地表溫度比周圍低的地區，空氣會冷卻變重。這些地方的氣壓會比較高，形成「高氣壓」（high pressure）。

地表附近的空氣會從氣壓高的地方流向氣壓低的地方，這就是「風」。氣壓差產生的風能夠驅動大氣。

大氣運動可為陸地帶來大雨。如插圖所示，海水蒸發後形成的水蒸氣被吹到陸地上，變成雲之後會降下雨水。海水受熱後蒸發，為大氣提供大量的水蒸氣。這些潮溼空氣被風吹到陸地後，再受到陽光加熱或與其他氣流衝突，便會形成上升氣流到達高空。接著潮溼空氣在高空冷卻，水蒸氣變成了無數細小的水滴，這就是「雲」。

雲凝結核會陸續聚集周圍的水蒸氣，顆粒變得越來越大，直到上升氣流無法負荷時，就會以「雨」的形式落至地面。

如此，**大氣以陽光能量為驅動力，產生天氣變化。**

大氣運動產生雲並降雨

插圖所示為海水蒸發後生成的水蒸氣被風吹送至陸地，於陸地降下雨水。

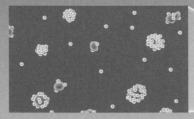

空氣冷卻後，水蒸氣以大氣中的塵埃為核心凝結（成為水滴），這就是雲凝結核。

海洋受熱後產生水蒸氣。

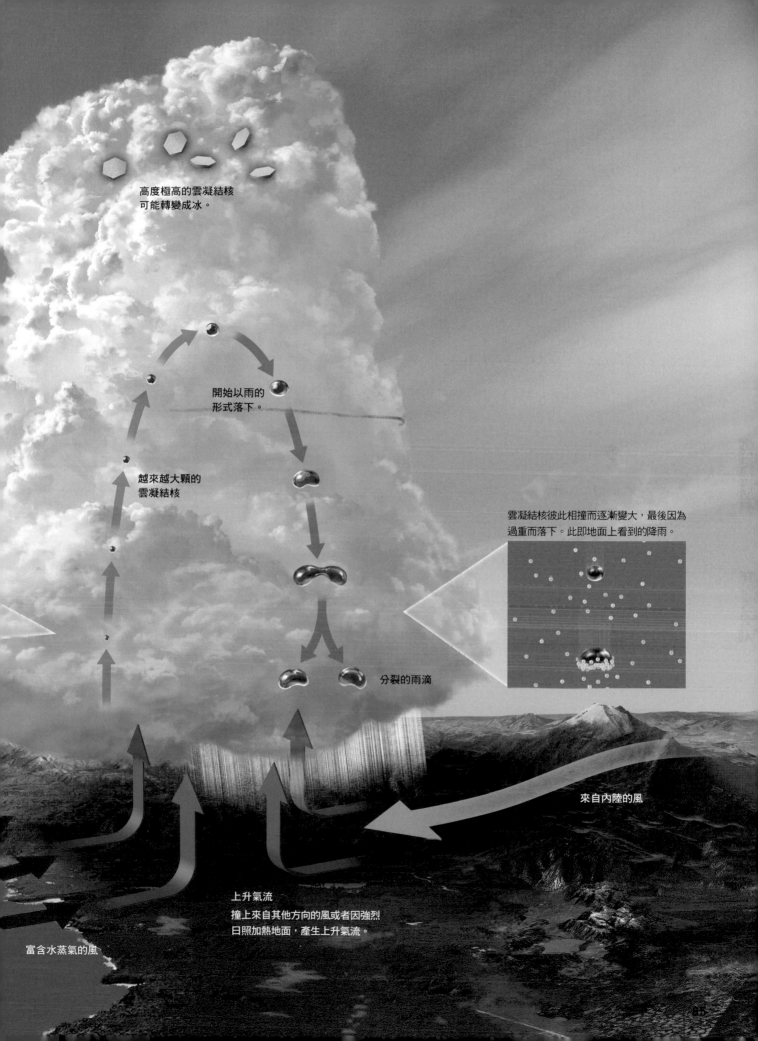

高度極高的雲凝結核
可能轉變成冰。

開始以雨的
形式落下。

越來越大顆的
雲凝結核

雲凝結核彼此相撞而逐漸變大,最後因為
過重而落下。此即地面上看到的降雨。

分裂的雨滴

來自內陸的風

上升氣流
撞上來自其他方向的風或者因強烈
日照加熱地面,產生上升氣流。

富含水蒸氣的風

高氣壓與四季

造就日本四季分明的四個高氣壓

日本四季分明。**夏季悶熱程度不輸熱帶地區，冬季積雪之多也算是全球榜上有名。在**季節交替之際，還有梅雨與秋雨。**為什麼日本會有如此顯著的四季呢？事實上，這些季節變化主要受到四個高氣壓影響。

▌影響日本季節的高氣壓

日本周圍的四個高氣壓

 西伯利亞高壓　　　　　在西伯利亞變冷後形成

讓日本吹起「冬季寒冷北風」的高氣壓。冬季時，輻射冷卻會讓西伯利亞的大地變冷。地表附近的空氣冷卻後變重，即形成高氣壓。因為是在大陸形成的高氣壓，水蒸氣較少而又冷又乾。另一方面，日本東側的低氣壓相對發達，故西高東低為其冬季型態的氣壓配置。

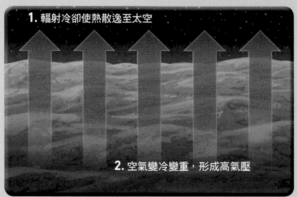

1. 輻射冷卻使熱散逸至太空

2. 空氣變冷變重，形成高氣壓

 移動性高壓　　　　在盛行西風的吹送下，由西往東移動

春秋兩季，大陸高氣壓與海面形成的低氣壓在盛行西風的吹送下交替排列，由西往東移動。春秋天氣多變，就是因為這個移動性高壓。

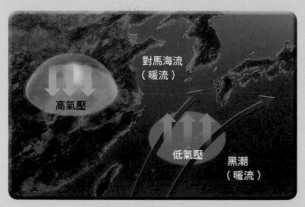

對馬海流（暖流）

高氣壓

低氣壓

黑潮（暖流）

日本位於歐亞大陸的東側，是四面環海的島國。大陸就像是一塊鐵板，白天被太陽加熱，到了晚上地面則往太空放熱而容易冷卻，這種性質稱為「輻射冷卻」（radiative cooling）。另一方面，海洋既不容易加熱也不容易冷卻。

大陸與海洋的氣溫差使得高空吹起盛行西風，且不同季節有不同的高氣壓影響日本氣候。**這四個高氣壓分別是：吹出乾冷空氣的「西伯利亞高壓」（Siberian high）、吹出乾熱空氣的「移動性高壓」（migratory high）、吹出溼冷空氣的「鄂霍次克海高壓」（Okhotsk high）、吹出溼熱空氣的「太平洋高壓」（Pacific high）。**

上述四個高氣壓造就了日本多采多姿的四季。

③ 鄂霍次克海高壓　　在寒冷的鄂霍次克海上形成

鄂霍次克海即使氣溫再高，也不會變得像大陸那麼溫暖，所以在春季後半至夏季時氣壓容易升高。當這個高氣壓移向北海道及日本東北地區時，就會產生名為「山背風」的冷風，易產生霧並帶來寒害。

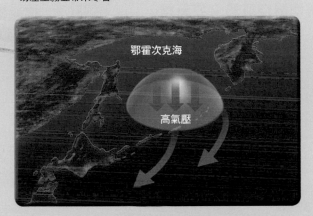

鄂霍次克海

高氣壓

④ 太平洋高壓　　由大氣環流產生

赤道附近加熱上升的空氣於太平洋下沉時，就會形成太平洋高壓。夏季時，赤道附近的上升氣流及其北邊的下沉氣流往北移動，使太平洋高壓移動到日本附近，而帶來晴朗溼熱的天氣。

逐漸冷卻，在北緯30度附近下降

下沉氣流形成高氣壓

赤道附近空氣受熱上升

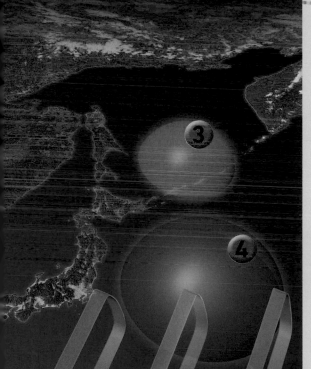

「梅雨」是由兩個高氣壓交會而成

梅雨

除了北海道之外，日本全國在6月到7月會進入一段很長的降雨時期，**也就是「梅雨」。這是因為鄂霍次克海高壓吹來的冷風與太平洋高壓吹來的溼熱空氣，在日本群島上空相會而產生的降雨。**在這個時期，兩個高氣壓的勢力相當，兩邊產生的風猛烈地互相吹襲，無處可去的空氣就會形成上升氣流、生成雨雲。**這兩團空氣的交界稱作**「梅雨鋒」。**梅雨鋒橫跨整個日本群島，有時會延伸到5000公里以上。**

高空的盛行西風（噴射氣流）會影響到鄂霍次克海高壓的活躍程度。於冬季通過喜馬拉雅山脈南邊的盛行西風會撞上喜馬拉雅山脈的西側，分成南、北兩道西風。這兩道西風在遠方的鄂霍次克海高空匯流，在高空聚集後形成下沉氣流，使鄂霍次克海高壓變得更活躍。

另外，從8月下旬到10月也會有同樣的長期降雨。這是因為太平洋高壓轉弱，鄂霍次克海高壓南下，使冷空氣與溼熱空氣在高空相會，就像梅雨一樣。**這條界線叫作「秋雨鋒」。**

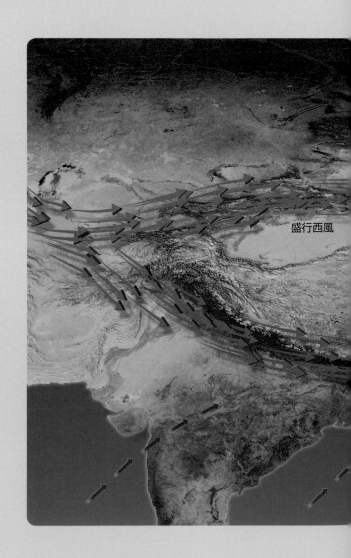

盛行西風

蜿蜒環繞地球的「盛行西風」

從地球北半球俯瞰的盛行西風示意圖。盛行西風將北極區團團包圍，由西往東（逆時鐘）繞一圈。此外，其流向往南北蜿蜒，蜿蜒方式會依地點及時間而有巨大變化。盛行西風可以隔開北邊的冷空氣與南邊的暖空氣，所以往南邊蜿蜒時冷空氣也會往南移動；往北邊蜿蜒時暖空氣則會往北移動。

從孟加拉延伸到日本的廣大雲帶

太平洋高壓與鄂霍次克海高壓吹出的風，會一邊前進一邊在海洋上補充水蒸氣。當兩者勢力相當且互撞時，無處可去的風便會形成上升氣流。上升氣流將水蒸氣運到高空，形成雲帶並降雨。太平洋高壓與鄂霍次克海高壓帶來的影響向西只到中國，不過在這個季節孟加拉與中南半島的季風也會產生雲帶。所以會看到雲帶從孟加拉一直延伸到日本。

鄂霍次克海高壓
上升氣流
上升氣流
溼冷空氣
太平洋高壓
溼熱空氣

潮溼空氣持續流動，形成梅雨

圖為與梅雨有關的風。鄂霍次克海高壓與太平洋高壓吹出的風會在日本群島高空相會，形成梅雨鋒而造成長期降雨。這個時期的盛行西風會在喜馬拉雅山脈西側分成南北兩邊，然後再與鄂霍次克海高壓會合。同時，來自遠方印度洋溼熱的「亞洲季風」吹向大陸。亞洲季風也會為日本帶來豐沛的水蒸氣，是梅雨的主因。

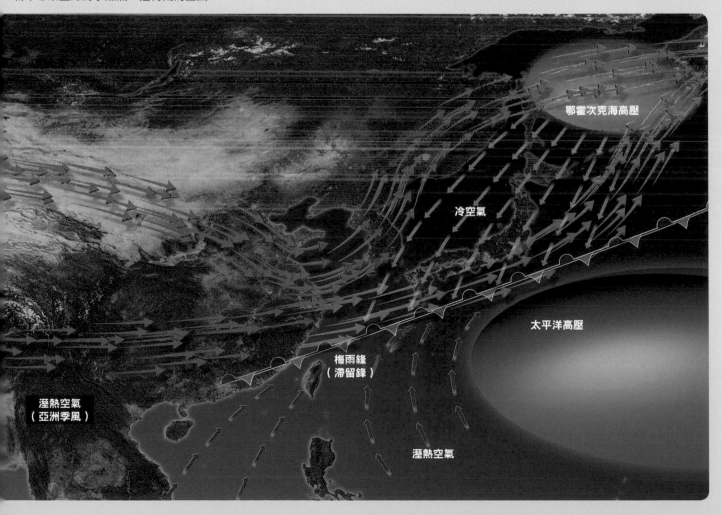

鄂霍次克海高壓
冷空氣
太平洋高壓
梅雨鋒
（滯留鋒）
溼熱空氣
（亞洲季風）
溼熱空氣

從天氣圖解讀天氣

請見右頁的地面天氣圖。標有數字的藍框部分為解讀天氣圖的必要資訊。**將氣壓相同的地點相連起來，即為①「等壓線」(isobar)。**由等壓線可以大致看出大氣的流動（風）。基本上，風會從氣壓高的地方吹往氣壓低的地方，而等壓線間隔越窄的地方風就越強。

等壓線為封閉環狀曲線，氣壓比周圍高的地方稱作②「高氣壓」，比周圍低的地方稱作③「低氣壓」。高氣壓會產生下沉氣流，低氣壓則會產生上升氣流。④「鋒面」(front)是暖空氣與冷空氣的交界面。

一般而言，空氣上升的地方容易產生雲。低氣壓或鋒面是大氣上升的地方，該處的天氣也比較容易變差。

⑤是風向。風向共有16個方位，將東西南北分割成了16個風向。以天氣符號表示風向時，應指向風的來向。另外，風力強度可分成13級。該分級方式是以英國海軍的定義為基準，原本是以節（Kt）為單位，因為轉換成了公尺每秒（m/s）才會有小數。⑥是天氣符號。天氣符號包括日本式天氣符號、國際式天氣符號這兩種。**日本氣象預報及報紙上的天氣圖等，使用的是第91頁列出的21個符號。**另外，日本國中生在理化課程中所學的天氣符號也是日本式天氣符號。

---

①等壓線

將氣壓相同的地點相連之後得到的線

以1000 hPa為基準，每4 hPa畫一條線，每20 hPa畫一條粗線。等壓線越密集的地方氣壓差越大，風越強勁。

※：產生風的力與等壓線垂直，但還要考慮到科氏力的影響等，故實際風向會有個傾斜角度而非與等壓線垂直。

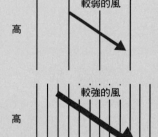

②高氣壓　**③低氣壓**

氣壓比周圍低稱作「低氣壓」，氣壓比周圍高稱作「高氣壓」

高氣壓常以「高」或「H」（High的縮寫）表示，低氣壓常以「低」或「L」（Low的縮寫）表示。是高氣壓還是低氣壓並非依數值而定，而是一種相對概念。高氣壓與低氣壓的中心會加上「×」符號，氣壓值的單位為「hPa」（百帕）。

④鋒面

冷暖空氣對撞時的交界線

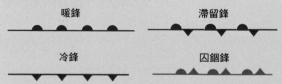

不同種類的交界線，移動方向也不一樣。移向冷氣團交界線的稱作暖鋒，移向暖氣團交界線的稱作冷鋒。當冷空氣與暖空氣勢力相當，令交界線大致維持在相同位置時稱作滯留鋒。當冷鋒的移動速度過快，追上暖風，會形成囚錮鋒。鋒面有上升氣流，所以通常天氣不好。

以第91頁的天氣圖為例，由鋒面位置便可看出溫暖區域（紅）與寒冷地區（藍）的大致位置。

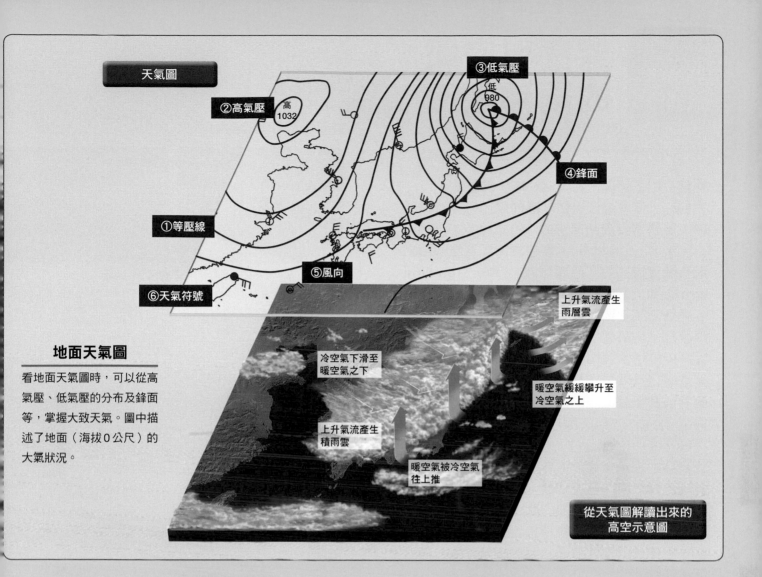

天氣圖

②高氣壓 高 1032

③低氣壓 低 980

①等壓線

④鋒面

⑤風向

⑥天氣符號

上升氣流產生雨層雲

冷空氣下滑至暖空氣之下

暖空氣緩緩攀升至冷空氣之上

上升氣流產生積雨雲

暖空氣被冷空氣往上推

地面天氣圖

看地面天氣圖時，可以從高氣壓、低氣壓的分布及鋒面等，掌握大致天氣。圖中描述了地面（海拔0公尺）的大氣狀況。

從天氣圖解讀出來的高空示意圖

---

⑤風向

分為13級

風力	符號	風速（m/s）	風速（節）
0		0.0～0.3	小於1
1		0.3～1.6	1～4
2		1.6～3.4	4～7
3		3.4～5.5	7～11
4		5.5～8.0	11～17
5		8.0～10.8	17～22
6		10.8～13.9	22～28
7		13.9～17.2	28～34
8		17.2～20.8	34～41
9		20.8～24.5	41～48
10		24.5～28.5	48～56
11		28.5～32.7	56～64
12		32.7以上	64以上

⑥天氣符號

簡便的「日本式天氣符號」

快晴	霧	雷
晴	霧雨 キ	大雷 ッ
陰	雨	雪
霾	大雨 ッ	大雪 ッ
塵霾	驟雨 ニ	驟雪 ニ
沙塵暴	霙	霰
暴風雪	雹	天氣不明

〈描繪範例〉

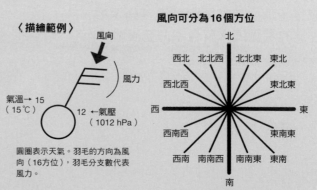

風向

風力

氣溫→ 15（15℃）

12 ←氣壓（1012 hPa）

圓圈表示天氣。羽毛的方向為風向（16方位），羽毛分支數代表風力。

風向可分為16個方位

北
北北西　北北東
西北　　　　　東北
西北西　　　　東北東
西　　　　　　　東
西南西　　　　東南東
西南　　　　　東南
南南西　南南東
南

深層與表層的兩種環流

地球上的海水和大氣一樣也有環流。
海水環流<u>可依驅動的原因分成兩個種類：風吹拂海面所產生的「風成環流」（wind driven circulation）；發生於海洋深層，由水溫及鹽度造成的「溫鹽環流」（thermohaline circulation）。</u>

表層海流主要由風造成，大氣與水的摩擦使海水以平均每秒10公分的速度移動。風向與海面附近的海水運動並不一致。海水運動也會受到地球自轉效果（科氏力）的影響而偏移，導致表面數十公尺內的海水整體而言朝著與風向垂直的方向流動，即所謂的「艾克曼輸送」（Ekman transport）。在副熱帶高壓之下，接近表層的海水會往大洋中心匯集。再加上圓形地球自轉效應，整體表層海水的流動會在大洋中產生環流，形成所謂的風成環流。

不過，風最多只能影響數百公尺深以內的海水，更深層的海水仍是以每秒1公分左右的速度在流動。

在格陵蘭近海與南極近海，又冷又重的海水會沉至海洋深層，然後沿著南極大陸往東流動，在印度洋及太平洋表層湧升。不過即使是相同緯度，有些海水會下沉、有些卻不會，這可能與鹽度的差異有關。<u>鹽度越高，海水越重、越容易下沉，這種深層海洋環流就稱作溫鹽環流。</u>

過去認為是格陵蘭近海的海水下沉在驅動溫鹽環流。不過近年的研究指出，月球引力是深層流湧升的重要能量來源。潮汐可幫助海水混合，使陽光賦予海面的熱逐漸傳至海洋深層，於是受熱變輕的深層海水就會湧升至表層。

表層海水下沉的機制

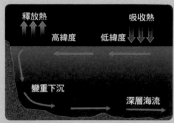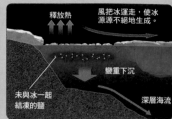

水溫下降
北大西洋北部，表層海水會釋放熱至大氣中而冷卻，密度提升使其沉入深海。

鹽分上升
在大氣的冷卻下，南極大陸周邊的海水表面陸續結凍，海水鹽分上升。在兩種效應的作用下，表層海水密度增加並沉至底部。另外，大西洋表層附近的海水鹽本來就很高。這裡的海水會送至大西洋北部，熱量被高緯度地區的寒冷大氣吸走。

「艾克曼輸送」

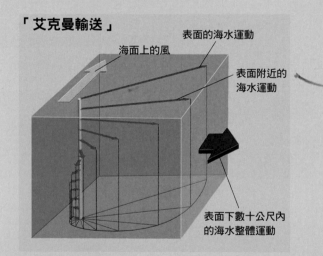

海面上的風可驅使表面海水的運動。在科氏力的影響下，北半球的海水運動會往右偏。表面略下方的海水會被表面海水拉動，但方向會稍微右偏。越往下的海水其移動方向越往右偏，而且移動力越來越弱。最後，表面以下數十公尺內海水的整體移動方向會往右轉90度，垂直於風向。

1905年，瑞典海洋物理學家艾克曼（Vagn Ekman，1874～1954）率先提出理論說明這個現象，故這種海水流動方式稱為「艾克曼輸送」。

格陵蘭

太平洋

印度洋

表層流

深層流

威德爾海

南極

深層海洋環流（溫鹽環流）

圖為以簡單雙層模型描繪的海洋環流，稱作布羅克爾輸送帶（Broecker's conveyor belt）。在格陵蘭周圍與威德爾海下沉的深層水會在印度洋、太平洋附近湧升，變回表層水重新進入循環。

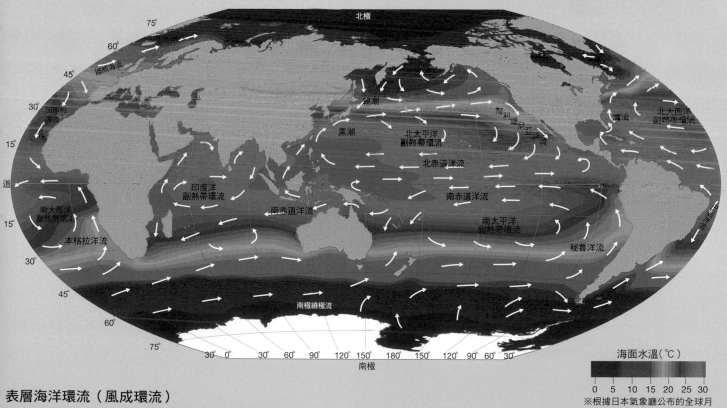

海面水溫（℃）

0　5　10　15　20　25　30

※根據日本氣象廳公布的全球月平均海面水溫年平均值（7月）製成

表層海洋環流（風成環流）

圖中繪出了全球7月時的平均海面水溫與洋流。表層水在太平洋等大洋間循環流動。比較洋流與水溫分布可知，洋流會將溫暖或冰冷的海水帶至其他地方，影響全球水溫分布。

海洋與大氣的變化造就了氣候

地球每個地區皆擁有其特有的氣象。舉例來說，肯亞、泰國等低緯度國家，多雨季節（雨季）與少雨季節（乾季）的界線十分明確。印度每逢夏季，西南風會將大量的水蒸氣送至內陸，造成大量降雨。

這種不同地區在一年內會出現的特定氣象現象，稱為「氣候」。

中緯度形成沙漠的下沉氣流區域
赤道空氣加熱後會形成上升氣流，夾帶水蒸氣來到高空（紅色部分），在赤道高空生成雲。在這之後，空氣分別往南北流動、冷卻（藍色部分），南北兩區的氣流皆在緯度30度左右轉變成下沉氣流。因此，南北緯30度附近無法形成雲，而是有許多不會降雨的沙漠呈帶狀分布。

灣流
赤道附近的洋流（北赤道洋流）抵達北美洲大陸附近後，沿著地形北上形成暖流。之後受到盛行西風的影響改變途徑，轉向歐洲。

EF　ET

BS

Df

Cf

Cfa

Cs

BW

A

A

Aw

Cw

Cfa

BW

BS

Cf

A　熱帶雨林氣候
地球上氣溫最高地區的氣候。在強烈日照下受熱的空氣頻繁往上攀升。海洋與大河的水蒸氣被運至高空，午後在高空形成厚實雲層，降下大雨。沒有明顯乾季，熱帶氣候的一種。

Aw　熱帶莽原氣候
熱帶氣候的一種，有乾季及雨季。

BS　草原氣候
位於下沉氣流區域，基本上偏乾燥。夏季日照強烈，難以生成雲霧，因此為較弱的雨季。乾燥帶氣候的一種。

BW　沙漠氣候
位於下沉氣流的區域，高氣壓全年都很活躍。幾乎不會生成雲霧。乾燥帶氣候的一種。

Cs　地中海型氣候
溫帶氣候的一種。冬季時會下雨，夏季則乾燥炎熱。

Cw　溫帶冬乾氣候
溫帶氣候的一種。夏季在大規模海風（季風）的影響下高溫潮溼。另一方面，由於幾乎都在內陸，故冬季的水氣較少且乾燥。

氣候與大氣環流及洋流有相當密切的關係。

　　舉例來說，中緯度附近有以沙漠氣候為主的大範圍乾燥區域。這是因為大氣環流中，於赤道上升的空氣在該處下沉形成高壓帶所致。高壓帶不會生成雲，所以也不會降雨。

　　另外，英國雖然位於高緯度，但是在通過美國近海的灣流影響下，英國附近主要呈現溫帶氣候。於大西洋東側熱帶地區受熱的洋流，會在吹著信風的熱帶往西方前進，抵達美洲大陸沿岸。接著沿著美洲大陸沿岸北上，在吹著盛行西風的中緯度往東北方流動，抵達歐洲近海附近。

　　於是，在大氣環流與洋流的作用以及山脈等地形的影響下，地球呈現出各種氣候。

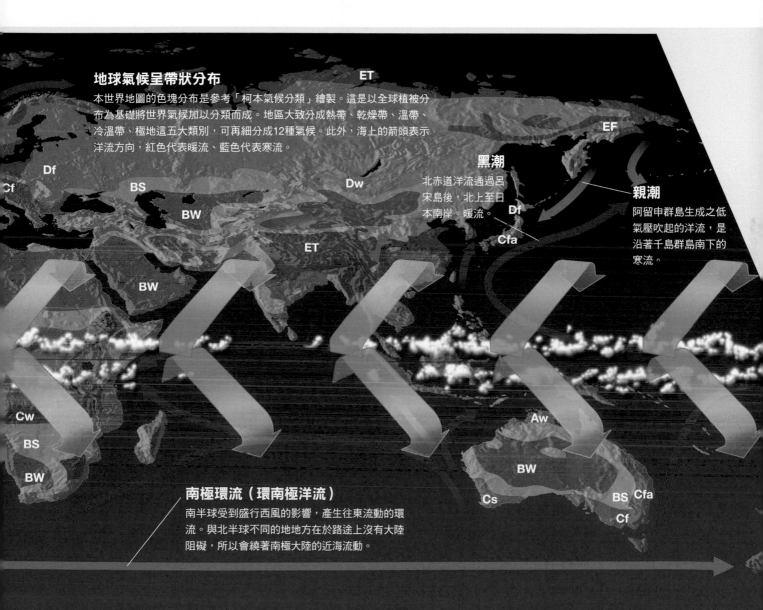

地球氣候呈帶狀分布

本世界地圖的色塊分布是參考「柯本氣候分類」繪製。這是以全球植被分布為基礎將世界氣候加以分類而成。地區大致分成熱帶、乾燥帶、溫帶、冷溫帶、極地這五大類別，可再細分成12種氣候。此外，海上的箭頭表示洋流方向，紅色代表暖流、藍色代表寒流。

黑潮
北赤道洋流通過呂宋島後，北上至日本南岸。暖流。

親潮
阿留申群島生成之低氣壓吹起的洋流，是沿著千島群島南下的寒流。

南極環流（環南極洋流）
南半球受到盛行西風的影響，產生往東流動的環流。與北半球不同的地方在於路途上沒有大陸阻礙，所以會繞著南極大陸的近海流動。

Cfa 夏雨型暖溼氣候	**Cf** 溫帶海洋性氣候	**Df** 副極地溼潤氣候	**Dw** 副極地冬乾氣候	**ET** 苔原氣候	**EF** 冰原氣候
溫帶氣候的一種。位於會產生豐沛水蒸氣的暖流附近，故夏季的氣溫及溼度特別高。位於中緯度，四季分明為其一大特徵。	暖流從低緯度帶來熱量，故溫度到了冬季也不會下降太多。因為海洋的緣故，夏季十分涼爽。溫帶氣候的一種。	日照較弱，冬季嚴寒。夏季氣溫回升，也會降雨。冷溫帶氣候的一種。	冷溫帶氣候的一種。冬季的西伯利亞高壓旺盛，會使該地區乾燥、嚴寒。	全年都受到北極冷空氣的影響，十分嚴寒。日照很少，樹木無法生長。極地氣候的一種。喜馬拉雅山脈等高山也屬於這種氣候。	見於南極、格陵蘭內陸。在輻射冷卻等作用下極度寒冷，降雨（冰）很難融化，冰川發達。

異常氣象

大氣、海洋的作用失序產生異常氣象

氣候是大氣、海洋等的作用下產生的現象，若是沒有按照往年的規律運作、狂亂失序的話，又會發生什麼樣的情況呢？

舉例來說，赤道附近的洋流過去都是由東向西吹的信風帶往西邊流動。赤道附近的日照量較多，故海水溫度較高。這些高溫海水會聚集在西側，所以雖然同為赤道地區的海水，西側的溫度通常比東側高。

西側海水的溫度較高，所以蒸發的水蒸氣也比較多。水蒸氣越多，就越容易產生大規模的積雨雲。因此，新幾內亞和印尼近海的降雨量很大。

聖嬰現象的機制

如果讓海水往西流動的信風因為某些異常而變弱的話，會發生什麼事呢？**此時溫暖水域不會移動到海洋西側，導致太平洋的新幾內亞和印尼近海等地的降水量減少。相對地，秘魯近海的海溫上升、降水量增加，這種現象叫作「聖嬰現象」（El Niño）。**

聖嬰現象影響到的不只有赤道區域。舉例來說，如果最容易發生颱風的海域比往年偏東邊一些，那麼侵襲日本的颱風路徑也會因此改變。再者，熱帶海洋上的高溫海域也是驅動大氣環流的驅動力之一，所以一旦該海域異常就會讓世界各地產生異常氣象[※]。也就是說，某個區域的異常氣象與其他區域的異常氣象有「遙相關」（teleconnection）。

※日本氣象廳對異常氣象的定義為「平均30年觀測不到1次的極端現象」。不過實際上，與出現的次數無關，只要是有可能帶來災害的天氣現象就經常稱其為「異常氣象」。反之，以「平年」（常年）來表示氣象「通常」的狀況則是指「30年內的平均值」。

異常氣象的各種直接原因

以下列出了持續1週以上異常氣象的直接原因。這些異常現象可能由多種大氣及海洋的變動造成，彼此相關且會同時發生，所以通常很難精準描述某個現象是由哪個特定原因造成。

「聖嬰現象」（下圖、右頁上半部兩圖）

太平洋赤道海域常年的西側（印尼附近）海水溫度會比東側（秘魯海）高5℃以上。因此，西側海域會降下大雨。這是因為信風會將赤道溫暖海水由東往西吹送。不過，當信風減弱時，秘魯近海的水溫就會常年高2～4℃，使降雨量多的地區往東邊移動，此即「聖嬰現象」。嬰現象的影響遍及世界各地，以日本為例，可能會造成夏涼冬暖。

「阻塞現象」

盛行西風的蜿蜒現象可將熱量送往高緯度地區。若由於某些原因讓蜿蜒現象加劇，盛行西風的周圍就會形成冷空氣或暖空氣的氣旋並持續1～2週，此即「阻塞現象」（blocking）。這些氣旋下方的寒流或熱浪會持續很長一段時間。

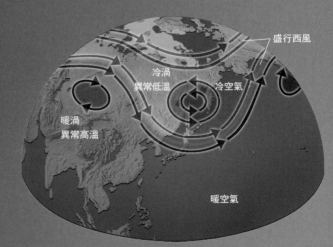

「反聖嬰現象」（右圖）

在太平洋赤道區，當信風過強，溫暖海水就會往西邊集中，使太平洋西部的上升氣流旺盛、降下更多雨水。這種聖嬰現象的反現象稱作「反聖嬰現象」（La Niña）。反聖嬰現象出現時，太平洋赤道附近的西側海域會降下比往年更多的雨水。這種現象和聖嬰現象一樣會影響到世界各地，以日本為例，可能會造成猛暑、寒冬。

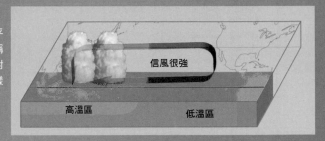

信風很強

高溫區　　　　　低溫區

聖嬰現象會影響到世界各地的氣壓變化，造成全球異常氣象。

多雨

少雨

多雨

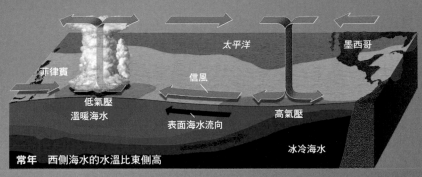

菲律賓

太平洋　　　墨西哥

低氣壓
溫暖海水　　　　信風　　　高氣壓

表面海水流向

冰冷海水

常年　西側海水的水溫比東側高

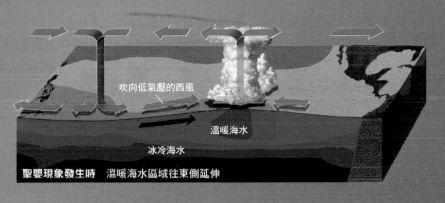

吹向低氣壓的西風

溫暖海水

冰冷海水

聖嬰現象發生時　溫暖海水區域往東側延伸

「印度洋偶極現象」（通稱IOD）

印度洋在常年時，越往東（印尼近海）則溫度越高。不過，每幾年就會出現一次印度洋偶極現象（Indian Ocean Dipole）：從東南方吹來的信風過強，將溫暖的海水往西部吹送，使印度洋西部（非洲近海）溫度升高、東部水溫下降。海水溫度升高的西部雨量增加，東部雨量則減少。若發生在夏季，大多會導致在日本有高氣壓生成，轉為猛暑。

IOD發生時，以印度洋為中心的大氣流動。IOD會經由菲律賓、喜馬拉雅山等地，對遠方的日本及地中海地區帶來大規模影響。

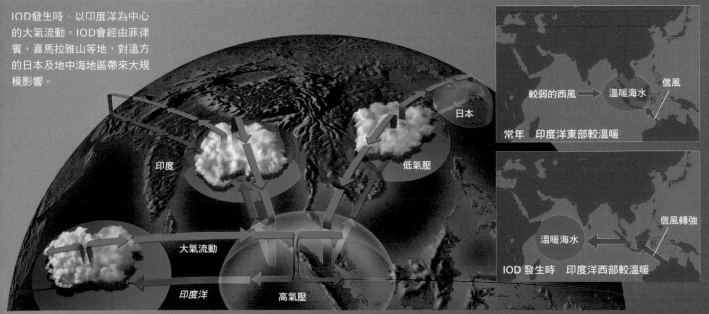

印度

低氣壓

日本

大氣流動

印度洋　　　高氣壓

較弱的西風　→　溫暖海水　　信風

常年　印度洋東部較溫暖

信風轉強

溫暖海水　←

IOD 發生時　印度洋西部較溫暖

颱風、颶風、氣旋只在海面上生成

熱帶氣旋會因為生成的地點不同而有各種名稱，譬如「颱風」（typhoon）、「颶風」（hurricane）或是「氣旋」（cyclone）。

颱風的生成與成長需要大量的水蒸氣。

大量水蒸氣隨著上升氣流升至高空，形成雲以後會放熱。被這些熱加熱的空氣會產生浮力，生成更強的上升氣流，就這樣形成超過1萬公尺的積雨雲。

▌颱風形成的過程

大量積雨雲聚集時，會加熱周圍空氣使氣壓下降，造成周圍的空氣往內吹。再加上地球自轉的影響（科氏力），就會逐漸形成漩渦。北半球的漩渦為逆時鐘方向。**漩渦吹起的風從周圍匯集更多水蒸氣，使積雨雲進一步成長，最後生成颱風。**

維持颱風的生成與成長循環需要大量水蒸氣，唯有海面水溫大於27℃的熱帶或副熱帶溫暖海域才能提供，所以颱風只會在這些地區生成。

颱風的一生

颱風是熱帶氣旋。下圖中，颱風生成後會一邊在溫暖海面上移動，一邊增強勢力。若移動到冰冷的海面上便會轉弱。颱風在北半球生成，故旋轉方向如圖所示為逆時鐘旋轉。

3 通過海水溫度較低的地方，勢力減弱

2 從溫暖海面吸收水蒸氣，擴大勢力

1 積雨雲的漩渦形成颱風

依生成地區的不同，名稱可能為「颱風」、「氣旋」或「颶風」

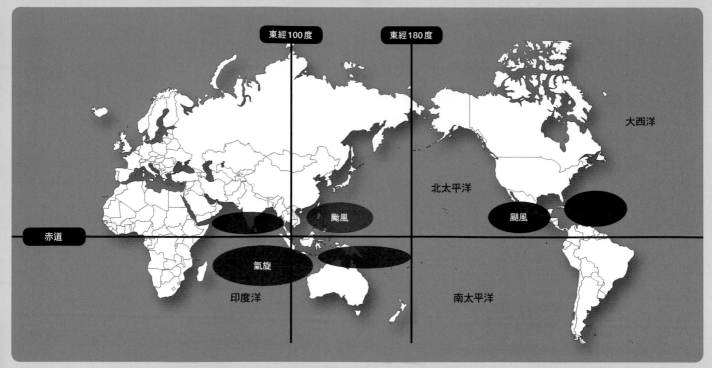

「颱風」、「氣旋」、「颶風」都是指熱帶氣旋。颱風指的是在東經180度以西的北太平洋以及南海上生成的熱帶氣旋；颶風指的是在大西洋以及東經180度以東的太平洋上生成的熱帶氣旋；氣旋指的是在孟加拉灣、印度洋、澳洲近海等地生成的熱帶氣旋。除了生成地點之外，這幾種熱帶氣旋的中心附近風速等數值的判定標準也不盡相同。

颱風生成地點與發生條件

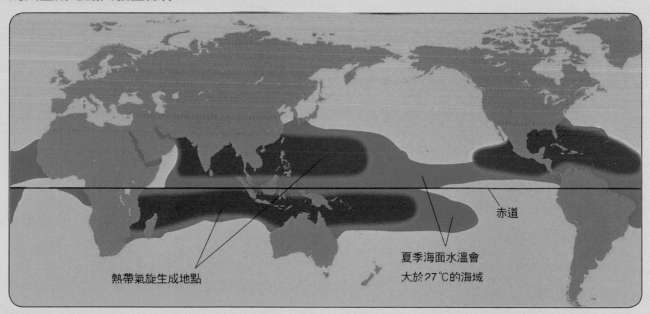

插圖所示為包含颱風在內的「熱帶氣旋」主要生成區域（黃色）以及夏季時海水溫度會高於27℃的海域（粉色）。其中，赤道上不會生成熱帶氣旋是因為赤道上沒有「科氏力」。如果沒有科氏力，就無法產生熱帶氣旋生成時必要的漩渦。此外，高空有潮溼空氣、地表附近與高空的風速落差小等等，也是熱帶氣旋生成的必要條件。

地表輻射的能量
無法完全排出產生的效應

地球除了會從太陽吸收輻射能之外，也會將幾乎等量的能量輻射至太空。

陽光的波長大多小於4微米，主要由紫外線與可見光等構成。另一方面，地球輻射出的光其波長大於4微米，以紅外線為主。

因此，地球輻射也稱為長波輻射，太陽輻射也稱為短波輻射。

▎溫室效應與溫室氣體

來自太陽的短波輻射可以輕易通過地球大氣，不過地球放出的長波輻射則會被大氣吸收。

因此，地表大氣層可抑制能量散逸至大氣層之外，維持地表的溫度。**這稱作大氣的「溫室效應」，具有這種效應的氣體稱為「溫室氣體」。**二氧化碳（CO_2）就是溫室氣體的代表。

因暖化而瀕臨絕種的動物

對於在冰上捕食海豹維生的北極熊而言，被冰覆蓋的海面為其必要棲地條件。近年來氣溫上升，許多報告指出海冰範圍越來越小。一旦海冰變小，北極熊泳渡的距離便會增加，甚至有人觀察到溺死的北極熊。依照海冰縮小的速度，北極熊很可能在100年內盡數滅絕。

未來的氣溫上升趨勢預測

表為根據溫室氣體排放量的五種預測情況（非常多、多、中間、少、非常少），對未來全球平均氣溫變化的趨勢預測圖。在「少」的情況下，全球氣溫上升2℃，如同巴黎協議的長期目標；在「非常少」的情況下，全球氣溫上升1.5℃。

但無論是哪種情況，全球平均氣溫都極有可能在2040年時上升1.5℃。

參考資料：IPCC第6次評估報告書

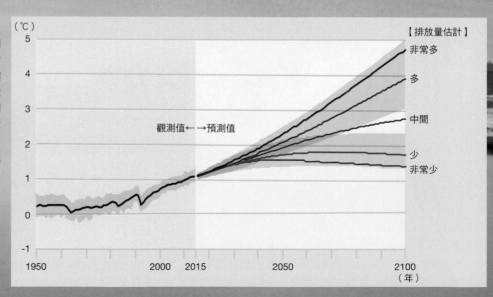

2040年的平均氣溫會上升1.5℃

聯合國政府間氣候變化專門委員會（Intergovernmental Panel on Climate Change，IPCC）**在2021年8月的報告中指出，即使人類盡可能地抑制二氧化碳的排放量，到了2040年，地球平均氣溫依舊很有可能上升1.5℃。**

如果平均氣溫上升約1.5℃，會發生什麼事呢？高溫日數增加就是其中一個現象。

2021年6月，加拿大西部的利頓（Lytton）觀測到了49.6℃的超級高溫。類似這樣的高溫可能會從50年內出現5次的頻率，增加至50年內出現9次。

另外，全球暖化也會帶動海面上升。不僅山岳地帶的冰川陸續融化，覆蓋格陵蘭、南極大陸的巨厚「冰原」（ice sheet，又稱冰層）大量融化成水流入海中，溫度上升也會讓海水本身膨脹。

報告中指出，若以1995～2014年為基準，即使2100年的溫室氣體排放量偏「少」，海平面也會上升0.32～0.62公尺；如果排放量「非常多」，則海平面會上升0.63～1.01公尺。

在這個影響下，低海拔島嶼會被水淹沒，暴潮或海嘯造成的災害可能也會擴大。　　　　　🪐

海洋資源

世界各地的海底蘊藏著各式各樣的資源。其中如石油、天然氣等，可作為能源或工業產品的原料，維持文明社會的運作。石油及天然氣的開採多從成本較低的陸地或淺海開始，後來也進展到水深300公尺處的海域，而目前的技術已經能到水深3000公尺以上的海底開採這些資源了。

石油及天然氣是從何而來的呢？最有說服力的論點是「有機成因論」（生物成油理論），主張堆積在海底的海中生物遺骸埋入地球深處後，長年處於高溫高壓的環境，最終變質生成石油及天然氣。這些物質有一部分往上滲透，碰到頁岩等無法通過的地層構造就停了下來，形成油田與天然氣田。不過，並不是有海洋就能生成石油及天然氣。除了要有豐富的生物遺骸之外，具備讓遺骸難以被微生物分解的缺氧環境也是必要條件。

◎ 油田與天然氣田的形成

圖為石油及天然氣的生成過程。石油及天然氣的生成需要數個條件，包括豐富的生物遺骸、使遺骸難以被微生物分解的缺氧環境等等。

浮游生物

含有許多生物遺骸的沉積物地層

1.
海洋或湖泊底部有許多生物遺骸堆積。

新的沉積物地層

2.
生物遺骸被沉積物淹沒，在地球深處的高溫高壓下逐漸變質。

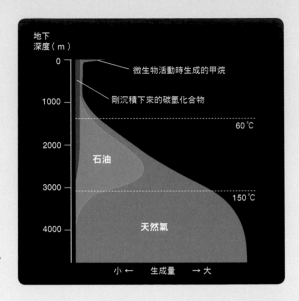

地下
深度（m）

微生物活動時生成的甲烷

剛沉積下來的碳氫化合物

60℃

石油

150℃

天然氣

小 ← 生成量 → 大

⊙ 石油及天然氣的生成條件

變質過程中，若溫度超過60℃則產物主要是石油，
若超過150℃則產物主要是天然氣。

部分生成的石油及天然氣往
上方移動。碰上砂岩等間隙
較大的地層時，石油及天然
氣可以輕易通過。

頁岩等石油及天然氣
難以通過的地層

天然氣田

油田

源岩（source rock）
生成石油及天然氣的地層。生成的石油及天然氣有8成上石會
被封在原處。這些資源稱為頁岩油或頁岩氣，正逐漸開採中。

3·
部分生成的石油及天然氣在地層
中移動（有時也會沿著地下斷層
移動）。

4·
若碰上難以通過的頁岩層，石油及天然氣就會堆積在其下方。

沉睡於日本近海的各種海洋資源

調查指出，日本近海存在各式各樣的海洋資源。舉例來說，西日本太平洋側的近海海底下就埋著「甲烷水合物」（methane hydrate）。甲烷水合物是一種固態結晶，包覆著天然氣的主成分甲烷，稱為「可燃冰」。2013年曾嘗試性開採，已證實可用於生產甲烷氣。

在太平洋水深1000～2500公尺處的海山，存在以鐵、錳為主成分的「錳殼」（manganese crust）以及含有大量鈷的「富鈷結殼」（cobalt rich crust），這些礦物資源分布在山頂至半山腰斜坡的表層。此外，在更深的4000～6000公尺處海底，有「錳核」（manganese nodule）這種球狀礦物資源以泥砂半掩埋的形式存在。也有發現含有大量稀土的「稀土泥」堆積在海底下數公尺至十幾公尺處。

地圖製作：DEM Earth
地圖資料：©Google Sat

⊜ 日本近海的海洋資源

「經濟海域」（EEZ）是指從本國海岸線往外200浬（約370公里）的範圍，在該海域範圍內的能源與其他資源可由該國獨占，其他國家不得侵犯。四面環海的日本其領海與經濟海域的面積相當廣大，海洋資源應相當豐富。如何開發出適用於商業經營的低成本開採方式，是目前最大的課題。

甲烷水合物
錳殼
錳核
● 海底熱液礦床

黑潮

海底熱液礦床
受海底下岩漿加熱生成的熱水會匯集岩石中的金屬，形成礦床。

左方照片為錳核。直徑2～10公分左右，主成分為鐵與錳。

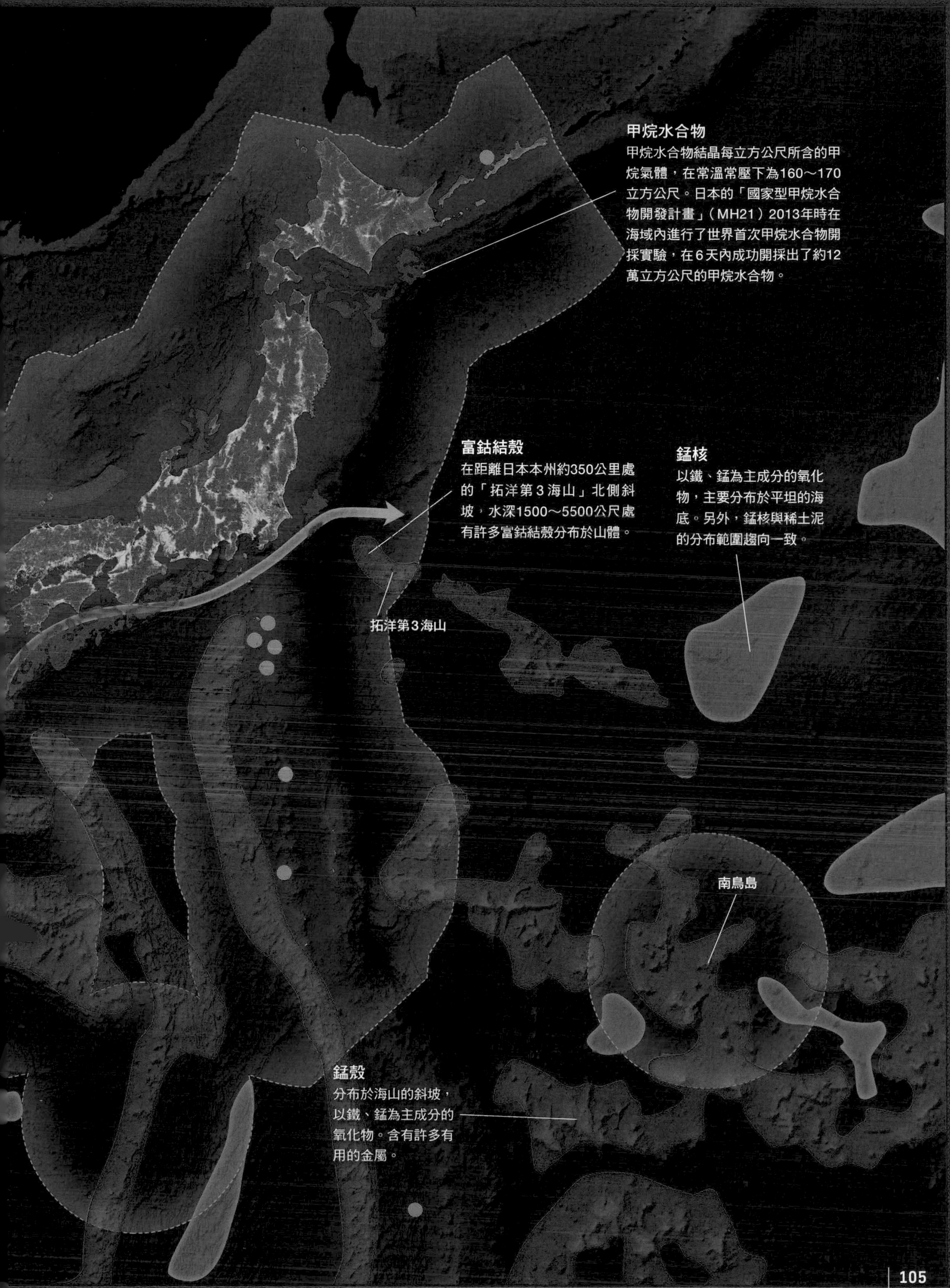

甲烷水合物

甲烷水合物結晶每立方公尺所含的甲烷氣體，在常溫常壓下為160～170立方公尺。日本的「國家型甲烷水合物開發計畫」（MH21）2013年時在海域內進行了世界首次甲烷水合物開採實驗，在6天內成功開採出了約12萬立方公尺的甲烷水合物。

富鈷結殼

在距離日本本州約350公里處的「拓洋第3海山」北側斜坡，水深1500～5500公尺處有許多富鈷結殼分布於山體。

拓洋第3海山

錳核

以鐵、錳為主成分的氧化物，主要分布於平坦的海底。另外，錳核與稀土泥的分布範圍趨向一致。

南鳥島

錳殼

分布於海山的斜坡，以鐵、錳為主成分的氧化物。含有許多有用的金屬。

4 宇宙的演化

自西元前數千年起，人類為了知道適宜的耕作期與收穫期，需要正確的曆法。這讓觀測天體、瞭解天體運動系統的天文學得以發展。而在數千年後的現在，隨著觀測技術的進步、宇宙探測器的活躍，人們越來越瞭解宇宙的樣貌。第4章要介紹的是宇宙如何誕生、如何演化。

監修　和田 純夫

宇宙可能是從大霹靂開始的

太陽系是何時形成？又是如何形成的呢？一般認為，太陽系是在廣闊宇宙的形成過程中逐漸形成。在開始說明太陽系的形成過程之前，先來看看宇宙誕生的經過吧。

宇宙是從「無」中誕生。「無」就是光、物質、時間、空間都不存在的世界。

就我們的常識而言，很難想像從無中會誕生出什麼東西。不過，在「量子論」這種微觀世界的物理學中，「無」一直都存在擾動。

宇宙真正的起始為何，至今尚無定論。不過在距今約138億年前，從這個「無」的擾動中誕生了超級小的微型宇宙。其大小約為10^{-34}公分，小得不可思議。

這個超微小宇宙在誕生後急速膨脹，即所謂的「暴脹」（inflation）。暴脹發生在宇宙誕生後的10^{-36}秒，至10^{-34}秒左右停止，其暴脹的速度超乎想像地快。**暴脹結束之後，充滿物質與能量的「大霹靂宇宙」（Big Bang universe）誕生。**

所有宇宙物質皆在這個超高溫、超高密度的大霹靂初期中形成。包括我們太陽系在內，整個廣闊宇宙的歷史都從這個大霹靂開始。

從次頁開始，就來看看宇宙誕生後，太陽系所在的舞台 —— 銀河系 —— 又是如何形成的。

大霹靂的示意圖。一般認為宇宙從無中誕生。歷經急遽膨脹的「暴脹時期」，如熾熱火球般的「大霹靂宇宙」誕生。宇宙所有物質的起源皆可追溯至大霹靂初期。

138億年前宇宙誕生
此後陸續生成無數恆星

宇宙是在大約138億年前誕生。就來看看從宇宙誕生一直到約46億年前太陽誕生的歷史軌跡吧。

如同前頁所述，誕生後急速膨脹的宇宙中有各種基本粒子到處飛舞，處於超高溫、超高密度的「火球」狀態。宇宙在這之後仍持續膨脹，溫度也隨之下降。**這使得到處飛舞的基本粒子開始聚集，最後形成原子。**宇宙早期的元素可能幾乎都是氫。

在原子誕生之前，光無法直線前進，因為光會與空間中自由飛舞的電子及原子核持續碰撞。直

宇宙的歷史

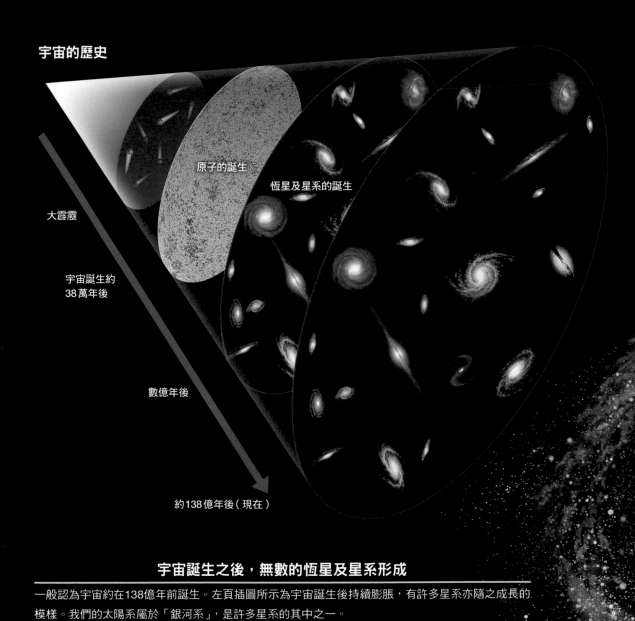

原子的誕生

恆星及星系的誕生

大霹靂

宇宙誕生約
38萬年後

數億年後

約138億年後（現在）

宇宙誕生之後，無數的恆星及星系形成

一般認為宇宙約在138億年前誕生。左頁插圖所示為宇宙誕生後持續膨脹，有許多星系亦隨之成長的模樣。我們的太陽系屬於「銀河系」，是許多星系的其中之一。

右頁為銀河系的想像圖。銀河系為直徑約10萬光年的圓盤狀結構，是由無數個恆星構成的集團。我們的太陽系位於距離銀河系中心約2萬6000光年之處。

到電中性的原子形成，光才得以自由飛行，直到遠方。這個過程有如「宇宙放晴」，正式名稱為「復合」（recombination）。

　　宇宙中的氫原子並非均勻分布，所處的位置不同，氫原子密度也略有差異。在重力的影響下，密度較大的地方會聚集更多氫原子，進而生成氫分子氣體。

　　一般認為，**在宇宙誕生數億年後，氫氣的分子集團生成了最初的恆星。** 在這之後陸續誕生的恆星集團稱作「星系」（galaxy），星系間彼此衝撞融合，使星系一步步成長。

太陽系所在的「銀河系」有多大？

　　上述過程中生成了許多星系，**我們太陽系所在的「銀河系」就是其中之一。** 銀河系的恆星多呈圓盤狀分布，且圓盤的直徑約為10萬光年。順帶一提，光1秒可以前進30萬公里左右，1光年是指光在1年內可前進的距離。太陽與最外圍行星海王星之間的距離約為45億公里，光只要4小時10分便可抵達。兩相比較下，應該就能想像銀河系有多大了吧。

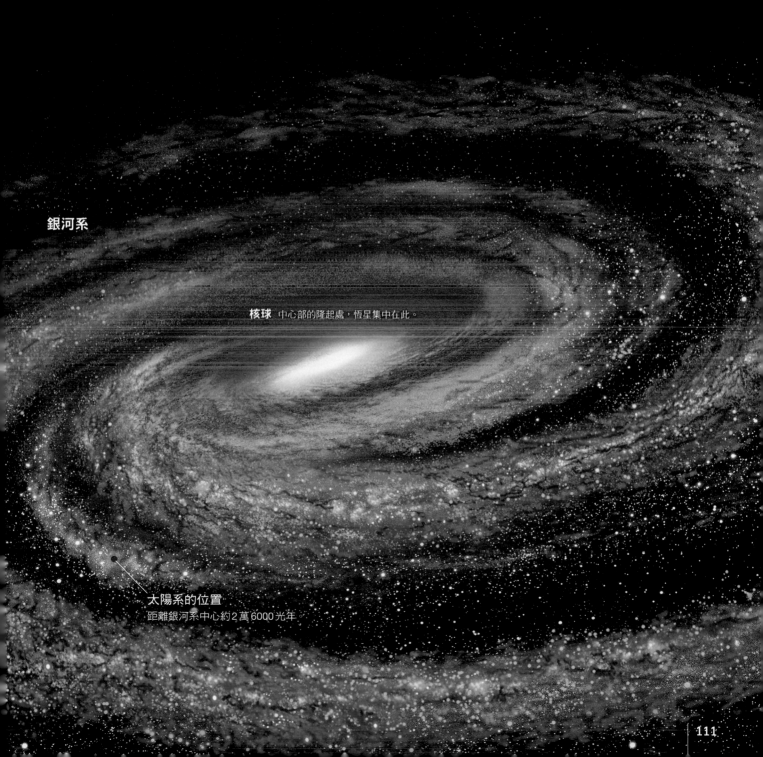

銀河系

核球　中心部的隆起處，恆星集中在此。

太陽系的位置
距離銀河系中心約2萬6000光年

地球是「太陽系」八大行星的一員
距離太陽或遠或近使眾行星的性質各異

「**太**陽系」中，除了太陽、「行星」、「衛星」之外，還有「小行星」、「彗星」、「海王星外天體」等天體。一般認為，這些天體在大約46億年前太陽誕生時，幾乎在同一時間從「太陽系原行星盤」這個充滿氣體與塵埃的結構中誕生。

與太陽相對較近的水星、金星、地球、火星，其中心都含有鐵等金屬核心，稱作「岩石型行星」（terrestrial planet，又稱類地行星）；其外側的木星及土星是由大量的氫、氦等氣體構成，稱作「氣體巨行星」（gas giant，又稱類木行星）；再外側的的天王星、海王星則以冰為主要成分，屬於「冰質巨行星」（ice giant，又稱類海行星）。

與太陽的距離或遠或近，使得各個行星擁有不同的性質，原因在於其形成原理。不管是哪類行星，原本都是由人陽系原行星盤的塵埃（固態成分）聚集而成，首先形成的便是直徑數百公里的「原始行星」（protoplanet）。在離太陽較近的地方，數個原始行星彼此衝撞、融合以後，形成岩石型行星。

另一方面，在離太陽稍遠的地方，太陽系原行星盤內的水凍結成冰，並吸引原始行星聚集，使原始行星大幅成長。這些原始行星的重力吸收了原行星盤內的大量氣體，生成氣體巨行星。而在更遠的地方，原始行星來不及吸收原行星盤內的氣體，這些氣體就消失了，所以只能生成冰質巨行星。

衛星的形成可分成數種類型。地球的衛星——月球，就是由原始行星間碰撞所產生的碎片聚集而成。

土星
周圍有巨大行星環的氣體巨行星。

木星
直徑約為地球的11倍，是太陽系中最大的行星。

水星
距離太陽最近，最小的行星。

太陽
位於太陽系的中心，會自行發光的恆星。

繞行太陽的太陽系天體

插圖所示為太陽、從水星到土星的行星、小行星帶（行星尺寸做了誇大呈現）。太陽系的天體皆被太陽的重力牽引，沿著橢圓軌道繞著太陽轉。

銀河

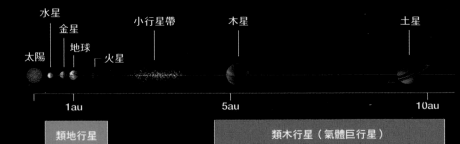

水星　金星　地球　火星　小行星帶　木星　土星　太陽

1au　　　5au　　　10au

類地行星　　　類木行星（氣體巨行星）

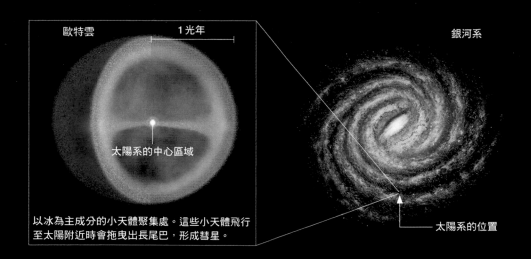

歐特雲　　　　　1光年　　　　　　　　　　　　　　　　　銀河系

太陽系的中心區域

以冰為主成分的小天體聚集處。這些小天體飛行
至太陽附近時會拖曳出長尾巴，形成彗星。

太陽系的位置

小行星帶

介於火星與木星軌道之間，存在無數顆小行星
的區域。小行星多為半徑100公里以下的小型
岩石天體。

火星

與地球相鄰，在其外側的行星。過去可能存在海洋，
目前正努力探測火星上的生命痕跡。

金星

與地球差不多大，被主成分為二氧化碳的
厚層大氣所包覆的行星。

地球

包含我們人類在內，有
許多生物居住的行星。

天王星　　　　　　　　　　　　　　　　　　　　　　　　　　海王星

20au　　　　　1au（天文單位）＝約1億5000萬公里　　　　　30au

類海行星（冰質巨行星）

星際物質聚集成盤狀形成太陽系

約 在46億年前，太陽系從氣體與塵埃粒子構成的分子雲之中形成。作為母體的分子雲，大小是目前太陽系的100倍以上。

微粒子形成微行星再成長為原始行星

後來分子雲由於某些原因開始收縮，形狀從球狀轉為扁平，最後形成了圓盤狀的太陽系原行星盤。

隨著收縮的進行，各種塵埃粒子彼此撞擊、融合、成長，形成了大小1公分左右的微粒子落在圓盤的赤道面上。

微粒子在赤道面上成長成數公里大小的微行星。這些微行星進一步彼此衝撞、融合，便形成了原始行星。

原始行星會吸引星雲的氣體，形成行星的大氣，並捕捉其他微行星而加速其成長。

在原始太陽附近，原始行星由主成分為岩石的固態微粒子構成。另一方面，在距離原始太陽很遠的地方，原始行星由主成分為冰的固態粒子構成。以冰為主成分的原始行星吸收到的氣體比岩質原始行星還要多，所以會產生較大的重力。

圓盤的氣體被吹散

最後，圓盤的氣體被吹至太陽系外。在這之後，地球內部噴出的氣體形成了大氣，孕育出許多生命。

太陽系的形成

自46億年前至今的太陽系歷史簡介。星際雲開始收縮，形成原始太陽，之後微行星誕生並成長為原始行星，最終形成現在的太陽系。

4. 氣體圓盤誕生後數十萬年。塵埃聚集在圓盤中，形成約100億個直徑數公里的微行星。

噴射氣流

氣體圓盤

原始太陽

3. 約46億年前。氣體圓盤一邊旋轉一邊收縮、變平（包含少量塵埃），原始太陽於其中心誕生。

氣體圓盤

2. 約46億年前。星際雲由於某些原因密度增加，因為重力而開始收縮。

1. 星際雲由氫、氦等氣體以及塵埃等固態成分構成。

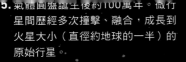

5. 氣體圓盤誕生後約100萬年。微行星間歷經多次撞擊、融合，成長到火星大小（直徑約地球的一半）的原始行星。

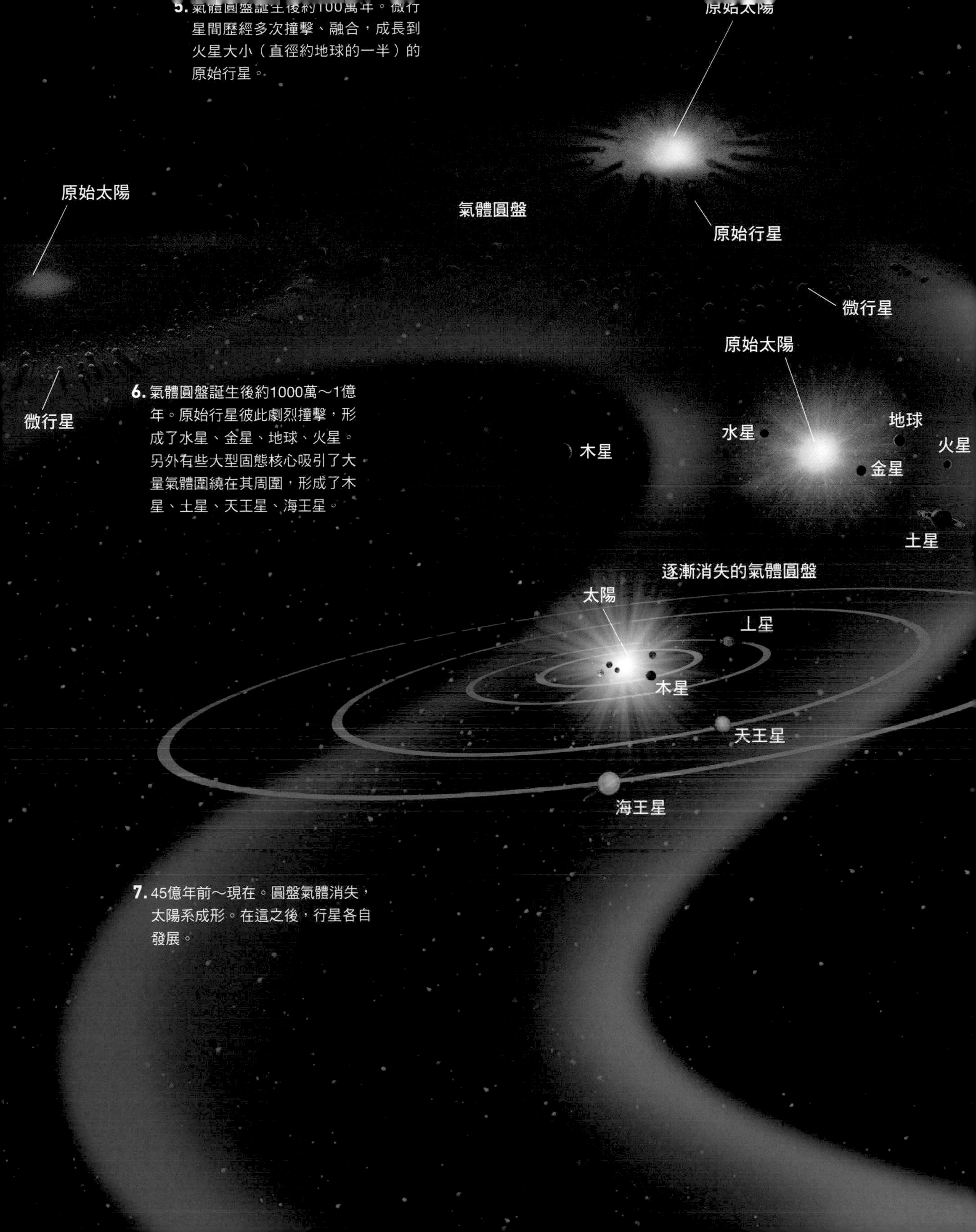

原始太陽

原始行星

氣體圓盤

微行星

原始太陽

原始太陽

6. 氣體圓盤誕生後約1000萬～1億年。原始行星彼此劇烈撞擊，形成了水星、金星、地球、火星。另外有些大型固態核心吸引了大量氣體圍繞在其周圍，形成了木星、土星、天王星、海王星。

木星

水星　地球
　　　　火星
金星

土星

逐漸消失的氣體圓盤

太陽

土星

木星

天王星

海王星

7. 45億年前～現在。圓盤氣體消失，太陽系成形。在這之後，行星各自發展。

太陽

往太空放出龐大能量的巨大氣體團

核心進行核融合反應，溫度高達1600萬K。不過到了表面，溫度就降低了不少，光球的溫度僅有6000K。不過，在光球往上2000公里的日冕可以加熱到100萬K。

太陽是非常巨大的氣體團，由71%的氫、26.5%的氦及其他較重的元素所構成。其半徑長達約70萬公里。太陽放出的可見光是從太陽表面厚約400公里的氣體層釋放出來。**這個氣體層稱作「光球」（photosphere），表面溫度大約6000K。光球上有溫度比周圍低的「黑子」（sunspot，又稱日斑）以及溫度比周圍高的「光斑」（facula）。**表面的氣體層會源源不絕地對流，從遠方看起來就像是細小的粒子，這些粒子稱為「米粒」（granule）。

太陽核心區域的氫會融合成氦，產生核能，即所謂的核融合反應。這個能量會轉移到輻射層，然後送至外側。輻射層的外側為對流層，內側與外側的溫度不同，故氣體會產生對流。能量便是透過這個對流從光球釋放至太空中。

光球之外還有個高達1萬K的「色球」（chromosphere）厚約數千公里，在色球之上還有溫度高達約100萬K的「日冕」（corona）。色球表面會噴出氣體，像是長了棘刺一樣，稱作「針狀體」（spicule）。色球的一部分上噴至日冕的現象稱作「日珥」（prominence）。

太陽釋放的帶電粒子（離子）稱作「太陽風」（solar wind）。若太陽風過強就會影響到地球的電離層，使地面通訊中斷，大幅影響到我們的生活。

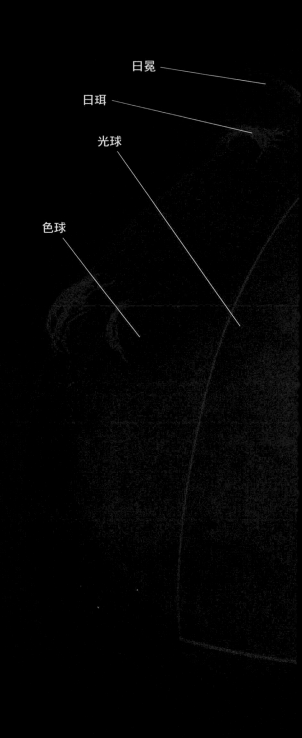

日冕

日珥

光球

色球

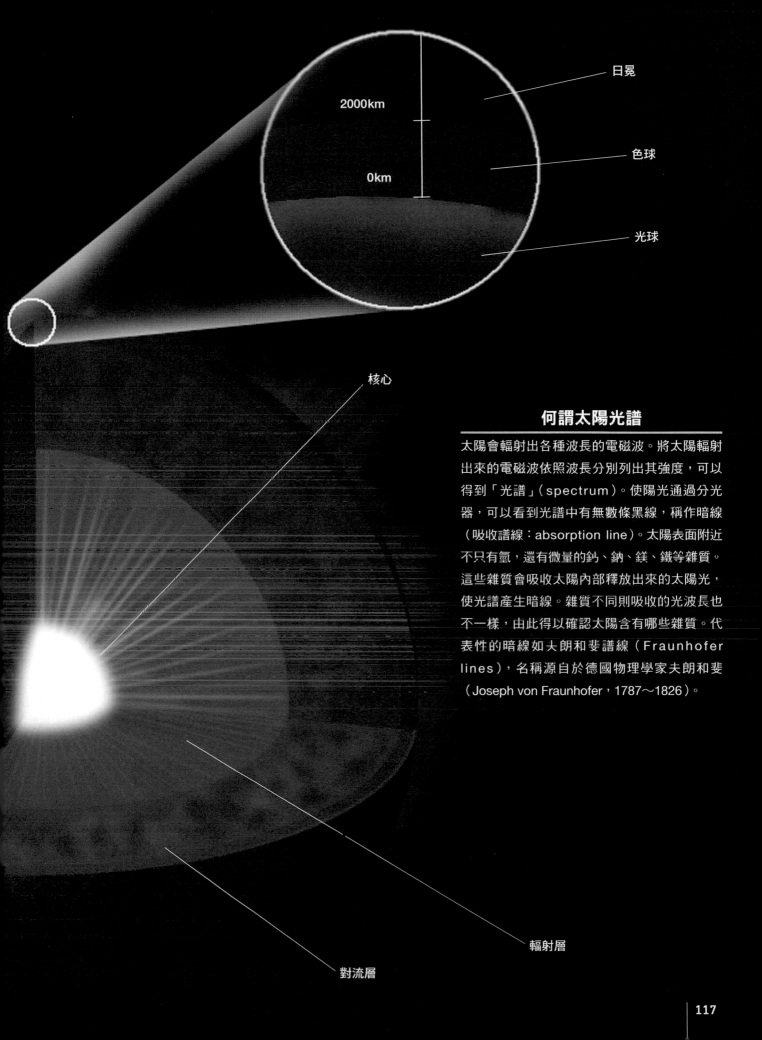

2000km

0km

日冕

色球

光球

核心

輻射層

對流層

何謂太陽光譜

太陽會輻射出各種波長的電磁波。將太陽輻射出來的電磁波依照波長分別列出其強度，可以得到「光譜」（spectrum）。使陽光通過分光器，可以看到光譜中有無數條黑線，稱作暗線（吸收譜線：absorption line）。太陽表面附近不只有氫，還有微量的鈣、鈉、鎂、鐵等雜質。這些雜質會吸收太陽內部釋放出來的太陽光，使光譜產生暗線。雜質不同則吸收的光波長也不一樣，由此得以確認太陽含有哪些雜質。代表性的暗線如夫朗和斐譜線（Fraunhofer lines），名稱源自於德國物理學家夫朗和斐（Joseph von Fraunhofer，1787～1826）。

繞著太陽轉動
由岩石或氣體構成的八大行星

如前所述，太陽系有8顆行星，而且結構各不相同。距離太陽最近的水星到火星屬於「類地行星」；位於火星外側，從木星到海王星的行星屬於「類木行星」。

有時候還會進一步細分，將木星與土星列為氣體巨行星，將天王星與海王星列為冰質巨行星。

主要由岩石構成的類地行星

水星是太陽系中最小的行星，幾乎沒有大氣，表面有許多隕石坑。另一方面，金星具有富含二氧化碳的濃厚大氣，無法直接看到其表面，且由於強烈的溫室效應，表面溫度高達470℃。

從太空俯瞰我們居住的地球，可以看到海洋、白雲、陸地等，地表的變化相當豐富。**這是因為水在氣態、液態、固態間轉變。**

火星半徑只有地球的一半左右，質量僅地球的約10分之1。**火星大氣的主成分也是二氧化碳。其自轉軸傾角與地球幾乎相同，所以也有一定的季節變化。**

太陽系的小天體

除了行星以外，太陽系還有各式各樣的小型天體。繞著行星運行的天體叫作「衛星」（satellite）。類地行星的衛星中最大者為月球，半徑長達約1700公里，比冥王星還要大。「彗星」（comet）主要由冰與塵埃構成，因拖曳著長尾巴而著名。靠近太陽時，彗星核周圍會生成名為「彗髮」（coma）的大氣層，看起來就像尾巴。「小行星」（asteroid）不會釋放氣體或塵埃，大多分布於火星與木星的軌道之間。日本發射的探測器隼鳥號於2005年時抵達小行星「糸川」（25143 Itokawa），隼鳥2號於2019年抵達小行星「龍宮」（162173 Ryugu），成功回收樣本。太陽系的微小天體等墜入地球大氣層時的發光現象稱作「流星」（meteor），若沒有燒完就墜落至地表則稱作「隕石」（meteorite）。

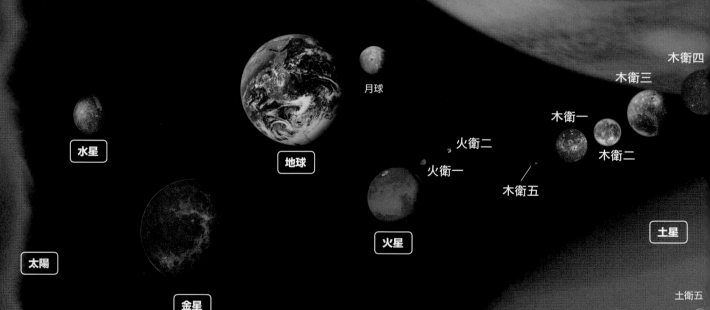

水星　地球　月球　火衛二　火衛一　木衛一　木衛二　木衛五　木衛三　木衛四　土星　火星　太陽　金星　土衛五　土衛四　土衛三　土衛二　土衛一　土衛十四　土衛十二　土衛十　土衛十一　土衛十六　土衛十七

太陽系的主要成員。太陽系由太陽、八大行星、繞著行星公轉的衛星、五個矮行星、小天體等構成。插圖所示為太陽、八大行星及其代表性衛星。矮行星冥王星及其衛星冥衛一也在其中。太陽與行星的文字以外框標示。

主成分為氣體及冰的類木行星

　　木星是太陽系最大的氣體行星，大部分由氫與氦構成，主成分與太陽類似。木星各緯度皆吹著與赤道平行的東風或西風，使整個星球呈現美麗的條紋圖案。行星探測器航海家號發現了木星環，**截至2021年為止已確認到80顆衛星。**

　　土星有個十分美麗別緻的行星環。這個環由冰塊、岩塊等碎片構成，環的寬度超過20萬公里，是土星半徑的3倍以上。

　　天王星的自轉軸傾斜98度，幾乎是橫躺公轉的狀態，這可能是天王星在形成初期曾遭受大規模撞擊的緣故。天王星大氣中富含甲烷可吸收紅光，故表面呈現藍白色。

　　海王星與天王星一樣，大氣富含甲烷，看起來比天王星更藍。上層大氣會在短時間內快速移動，所以表面上的條狀斑紋時隱時現。

　　發現於1930年且當時被視為行星的**冥王星，後於2006年重新歸類成矮行星。**冥王星的半徑比月球還要小，其公轉軌道為極端的橢圓形，特徵與太陽系其他8個行星有很大的不同，此為歸類成矮行星的主要原因。

　　事實上在海王星外側，還有許多如冥王星般公轉軌道為極端橢圓形的天體。包括冥王星在內，這些天體稱作「海王星外天體」（trans-Neptunian objects，又稱太陽系外緣天體）。

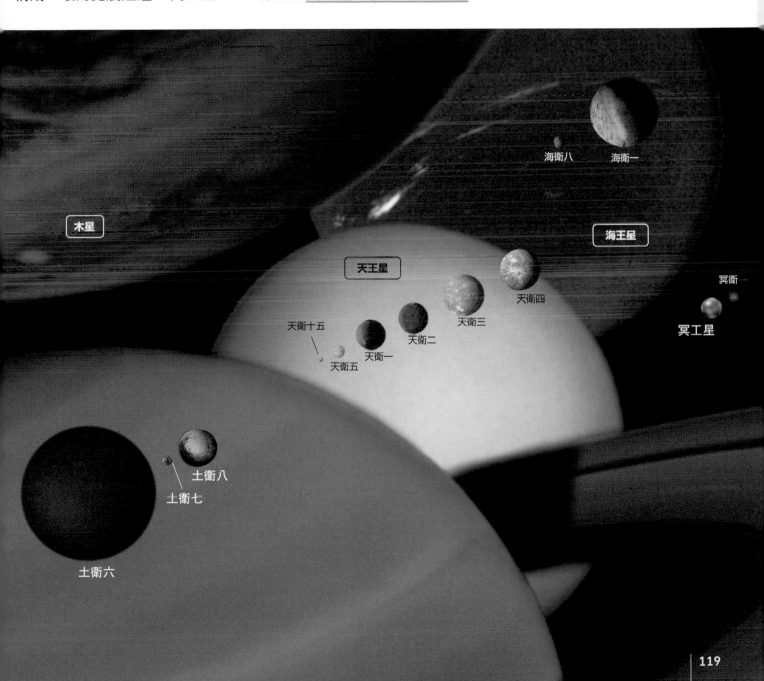

木星

海衛八　海衛一

海王星

天王星

天衛四

天衛三

冥衛一

天衛十五

天衛二

冥王星

天衛一

天衛五

土衛八

土衛七

土衛六

根據地球的自轉與公轉
得出 1 天的時間與 1 年的概念

仰望夜空,能看到許多恆星構成了各式各樣的星座。

不過,若是數小時後於同一個位置再次仰望夜空,會發現星座的位置稍微移動了一些。為什麼會這樣呢?

地球的自轉
變換星座的位置

在北半球的晚上往南方天空看去,星座在一整晚會由東往西畫一條弧線。另一方面,北方夜空的星星則會逆時鐘移動。但事實上,構成星座的恆星位置幾乎沒有改變,而且從人們想像出星座這個概念的數千年前一直到現在,星座的形狀幾乎沒有改變。

星座的形狀沒有改變,表示恆

恆星的周日運動

北方夜空的恆星運動

——北極星

西　　　　　　北　　　　　　東

上圖為北方夜空在約 1 小時內的恆星軌跡。北方夜空的恆星是以北極星為中心,沿著圓形軌道逆時鐘旋轉。

南方夜空的恆星運動

東　　　　　　南

上圖為南方夜空在約 30 分鐘內的恆星軌跡。南風夜空的恆星如畫弧般由東往西移動。

恆星與周日運動

右圖為天球與觀測者的示意圖。觀測者觀測南方夜空的星座(恆星)時,星座就像在猶如透明圓頂的天球上由東往西移動一樣(於南方夜空看到的恆星移動)。若觀測者往反方向(北方夜空)觀測,會看到星座以北極星為圓心逆時鐘繞轉。以上皆為在北半球觀測到的景象。

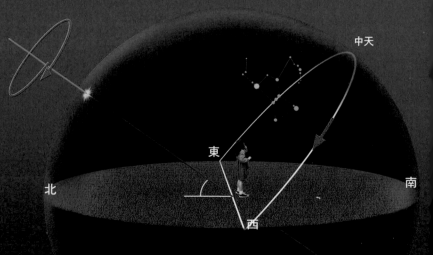

中天

北　　　　　東

西　　　　　南

星間的相對位置並沒有改變。恆星之所以看起來在動，是因為地球自轉的緣故。**這種天球以1天左右為週期繞著地球轉的運動，稱作「周日運動」（diurnal motion）。一天的長度便是以這個自轉週期為基準。**

另外，已知有些星座只會在冬季出現、有些只會在夏季出現，不同季節看到的星座並不一樣。**這是因為地球以每天大約轉1度**

的方式繞著太陽公轉，而星座的位置也會跟著移動1度，1年後才回復到原本的位置，亦即「周年運動」（annual motion）。一年的長度便是以這個公轉週期為基準。

23.4度的傾角造就了四季

地球會以地軸為軸心自轉，地軸相對於公轉面傾斜23.4度。這

個傾角是四季的成因。對季節變化造成最大影響的是氣溫變化，取決於地表接收到的太陽能量變化，而能量多寡又與太陽高度、日照時間有關。北半球在夏季時，太陽高度較高、日照時間也比較長，獲得的太陽能量較多；冬季則相反。這個能量差會導致氣溫變化，造成季節更迭。

恆星的周年運動

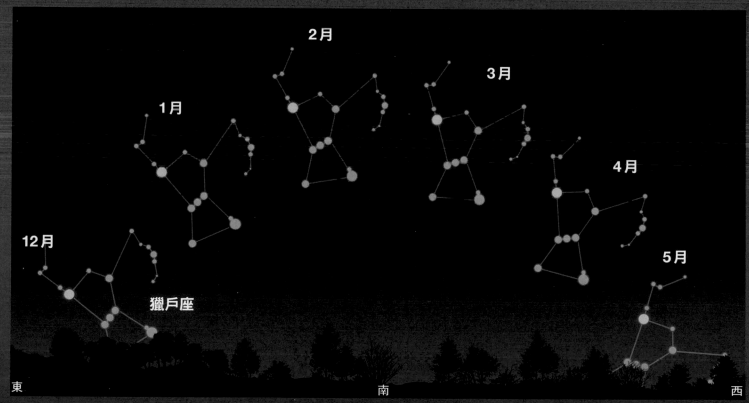

2月 3月 1月 4月 12月 5月 獵戶座

東　　　　　　　　　　　　南　　　　　　　　　　　　西

上圖為獵戶座的周年運動示意圖，標出了東京各月1日晚上8時看得到的獵戶座位置。獵戶座在12月時位於東南方夜空，到了2月會移動到南方天空最高的位置（中天），接著在5月時消失。即使在同一地點、同一時間觀察同一個星座，其所在位置還是會一點一點地移動，這是因為整個夜空每天會多轉1度，亦即地球公轉所引發的現象。

為什麼月亮有盈虧變化？

月球是地球的衛星，繞著地球公轉。月球的自轉與公轉週期大致相同，皆為27天左右，一直以來幾乎都是用相同的面朝向地球。也因此，身處地球的我們看不到月球的背面。

月球反射陽光而發光

月光是來自太陽光的反射。因此，月球、地球、太陽的位置關係會導致月亮產生盈虧變化，稱為「月相」（lunar phase）。

舉例來說，當月球位於太陽與地球之間，地球上就只能看到月球的影子而不見其本體，稱為「朔」（新月）。另一方面，當地球位於月球與太陽之間，地球上就可以看到一整面被陽光照亮

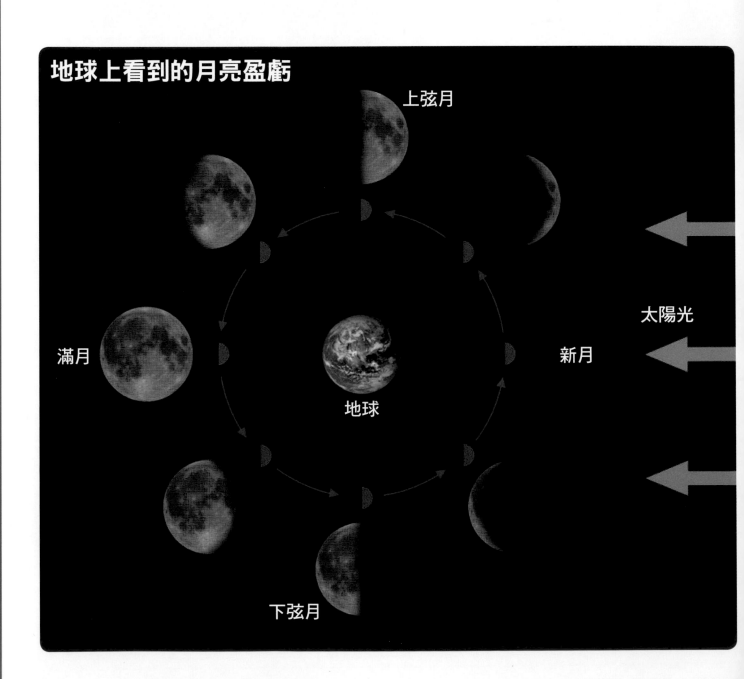

地球上看到的月亮盈虧

上弦月

滿月

太陽光

新月

地球

下弦月

的月球，稱為「望」（滿月）。

除此之外，從新月到滿月之間的月亮叫作「上弦月」，從滿月到下一次新月間的月亮叫作「下弦月」（第122頁的圖）。

再者，從新月到上弦月、滿月、下弦月，再次回到新月的週期，稱作一個「朔望月」，這個週期約為29.5天。

為什麼會有月食

觀察滿月時的天球狀態可知，此時太陽與月球剛好在地球的相反方向。**天球上的月球路徑（白道）與太陽路徑（黃道）通常有些微差異，不過當月球接近黃道時，會落入地球的陰影而變暗，這個現象叫作月食（參照第123頁的圖）**。順帶一提，新月時的天球狀態，月亮位於太陽附近，此時若月亮接近黃道就會出現日食現象。

月食的成因

當太陽、地球、月球依序排成一列時，稱為望（滿月）。滿月時，如果月球特別接近黃道面（太陽的路徑），就會進入地球陰影而變暗，該現象叫作月食。不過月球進入地球陰影時，如果只有進入半影，就幾乎不會變暗；只有當月球進入本影時，才會形成月食。若只有一小部分進入本影就會形成月偏食，若全都進入本影則會形成月全食。

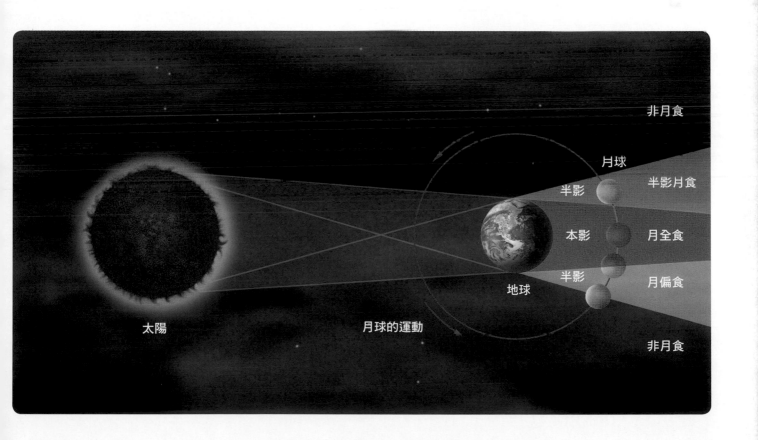

太陽　　月球的運動　　地球

非月食　　月球　　半影　　半影月食　　本影　　月全食　　半影　　月偏食　　非月食

我們的銀河系是怎樣的結構？

伽利略（Galileo Galilei，1564～1642）在1609年時，用自製的望遠鏡發現如白雲般橫跨在夜空中、由許多恆星聚集而成的銀河。

銀河系是由包含太陽在內的恆星，以及許多星際物質組成的大集團。從上方看，銀河系的形狀就像一個漩渦；從側面看，銀河系的形狀像是一個圓盤。

銀河系中央的膨起稱作「核球」（bulge）。科學家花了很長一段時間，在爭論銀河系的核球比較接近球狀還是似棒狀結構的圓柱狀。不過根據近年的研究結果，幾乎可以確定銀河系中心為棒狀結構。

銀河系中心有黑洞存在

銀河系的核球厚約1萬5000光年，由年齡超過100億歲的恆星構成，越靠近中心則恆星的密度越高。**已知銀河系中心存在巨**

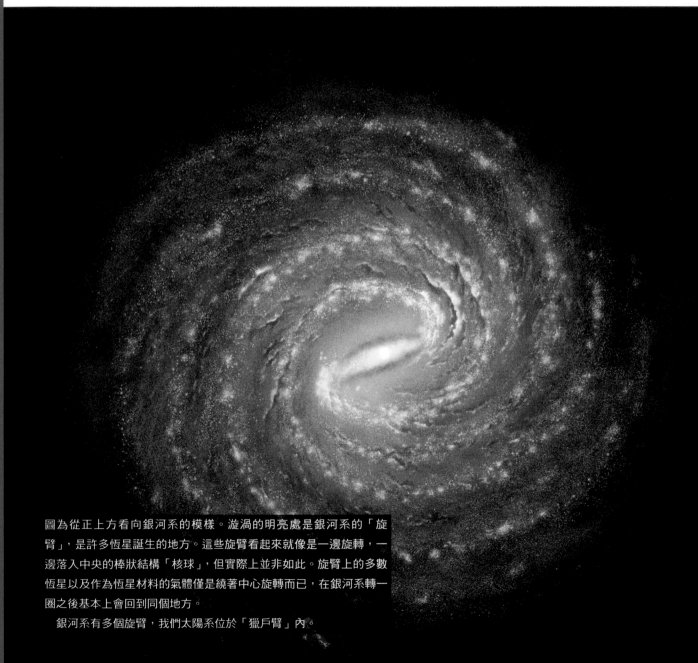

圖為從正上方看向銀河系的模樣。漩渦的明亮處是銀河系的「旋臂」，是許多恆星誕生的地方。這些旋臂看起來就像是一邊旋轉，一邊落入中央的棒狀結構「核球」，但實際上並非如此。旋臂上的多數恆星以及作為恆星材料的氣體僅是繞著中心旋轉而已，在銀河系轉一圈之後基本上會回到同個地方。

銀河系有多個旋臂，我們太陽系位於「獵戶臂」內。

大的「黑洞」。黑洞是質量非常大的天體，連光都無法逃出。一般認為，銀河系中心的恆星密集度之所以那麼高，就是因為這些恆星受到黑洞的重力吸引。

銀河系屬於「本星系群」（Local Group of Galaxies）這個星系集團。本星系群的大小星系超過50個，直徑長達600萬光年，其中最亮者是仙女座星系（Andromeda Galaxy）。星系就像本星系群一樣會彼此聚集，成為由3個至數十個星系構成的星系群。另一方面，如果在1000萬光年的區域內聚集了超過50個星系，這樣的集團稱作「星系團」（cluster of galaxies）。距離銀河系最近的星系團是距離我們5900萬光年的「室女座星系團」（Virgo Cluster）。

「超星系團」（super cluster）是比星系團更大的集團，由多個星系群及星系團構成，大小可達1億光年以上。在銀河系周圍1億光年內的星系，構成了以室女座星系團為中心的「室女座超星系團」（Virgo Supercluster）。**宇宙中有些區域宛如空洞一般，在超過1億光年以上的範圍沒有任何星系存在，稱作「空洞」（void，又稱巨洞）。**超星系團的周圍常常分布著許多空洞，整體看來就像是由無數個泡泡串連起來，一般認為這種結構存在於宇宙各處，稱作「宇宙大尺度結構」（large-scale structure）。

圖為從正側面看向銀河系的模樣，並非截面圖。太陽附近的銀河系圓盤厚約2000光年，核球附近則約1.5萬光年。從10萬光年的直徑來看，圓盤可說是相當薄。圓盤周圍有150個左右、名為「球狀星團」（globular cluster）的恆星團（圖中黃色顆粒）。不過球狀星團分布很廣，也存在於距離銀河系圓盤很遠的地方，彷彿包圍整個圓盤一樣，圖中並未完整畫出。此外，目前圓盤可能正在彎曲。

太陽的位置

正在膨脹的宇宙

1929年時，哈伯（Edwin Hubble，1889～1953）比較各星系的距離及其光譜後發現，星系的光譜皆往紅色方向偏移（紅移）。這是因為星系正在離我們遠去，所以光的波長會因為「都卜勒效應」（Doppler effect）而改變。距離我們越遠的星系紅移就越大，亦即星系與我們的距離與星系後退的速度成正比，這就是「哈伯定律」。離我們越遠的星系遠離的速度就越快，這和第110頁提到的「宇宙正在膨脹」有關。

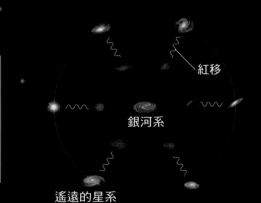

紅移

銀河系

遙遠的星系

恆星和人類一樣
會歷經從出生到死亡的一生

像太陽一樣進行核融合反應發出光芒的天體稱作「恆星」（star）。但是恆星並非永垂不朽，也有生命結束的時候，就和人類一樣。就來看看恆星的一生吧。

恆星是從星際雲中誕生

星際雲是氫、氦等氣體以及冰塊、塵埃等物質聚集之處，恆星便是由此誕生。星際雲內密度最高的地方會因為自身重力開始收縮，隨著收縮的進行，內部開始產生核融合反應，然後釋放出強

質量在太陽8倍以下的恆星結局

原始太陽在星際雲中誕生，自核心開始進行核融合反應後，大約過了1000萬年才進入主序星階段。天體內的氫會持續進行核融合反應，轉變成氦。當氫燃燒殆盡時，中心的氦芯便會持續收縮，天體外層則會持續膨脹。當收縮力與膨脹力失去平衡，整個恆星便會開始膨脹，形成紅巨星。紅巨星的重力較弱，大量氣體會從表面流失至太空中，形成行星狀星雲。外層氣體完全消失後，只會留下收縮的核心部分，成為白矮星。

恆星

紅巨星

恆星在晚年膨脹形成。

放出外層氣體。

烈光芒並成為恆星。若核融合反應所產生的能量與自身重力達成平衡，恆星便能處於穩定釋放光芒的狀態，即所謂的「主序星」（main sequence star）。在恆星的一生中，停留在主序星階段的時間最長。

不過，恆星的光芒並非永恆不滅。核融合反應的材料一旦消耗完畢，恆星就會逐步邁向「死亡」。恆星的質量越大，核融合反應的材料就越快消耗完畢，其壽命也越短。

恆星的結局

質量約為太陽8倍以下的恆星會變成「白矮星」（white dwarf）；介於8～30倍的恆星歷經「超新星爆炸」（supernova explosion）之後，會形成「中子星」（neutron star）；而超過30倍以上的恆星則會形成「黑洞」（black hole）。

太陽在大約60億年後，會進入「紅巨星」（red giant）狀態，然後演變成白矮星。雖然是很久以後才會發生的事，但我們知道太陽的光芒總有一天會消失。

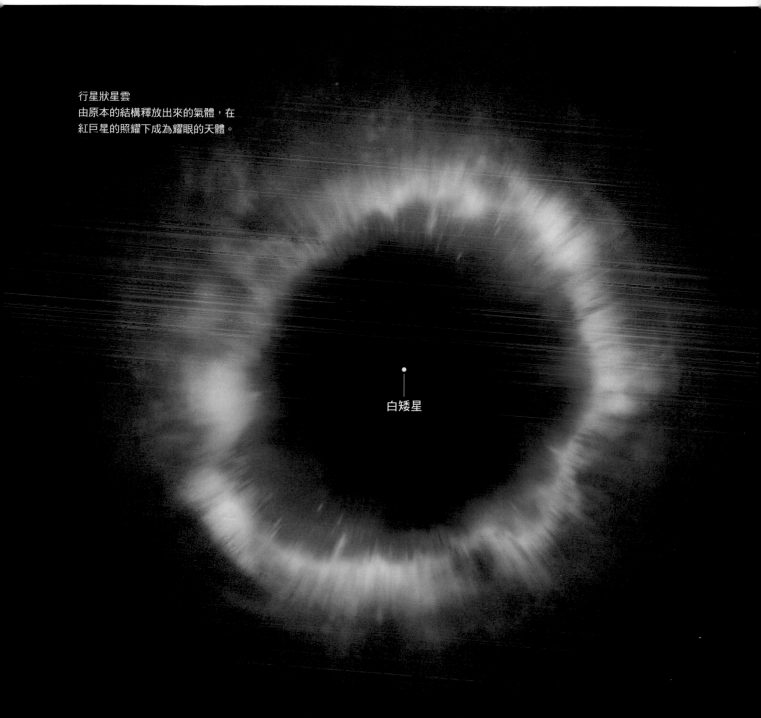

行星狀星雲
由原本的結構釋放出來的氣體，在紅巨星的照耀下成為耀眼的天體。

白矮星

5 地球與生命的歷史

地球在距今約46億年前誕生。誕生之初的環境對生命來說太過嚴苛，是個連大氣、海洋都尚未出現的年代。在這種環境下，我們的祖先是如何孕育出生命的呢？

第5章要來介紹地球走過什麼樣的歷史，才會形成現在看到的環境，也會提到地球上的生命是如何誕生、演化。

與太陽保持恰如其分的距離
是生命得以存在的必要條件

生命需要液態水。就來看看要滿足哪些條件，行星上才會有液態水吧。

生命存在的必要條件 適居帶

地表溫度需在0～374℃的範圍內，液態水才得以存在。即使超過100℃，只要壓力夠大，水仍能以液態形式存在。374℃是水的臨界溫度，一旦溫度高過這個標準，即使壓力再大，水仍無法以液態形式存在。

決定這個溫度的重要因素之一，就是太陽與地球間的距離。

若地球離太陽過近，所有的水都會蒸發；若離得過遠，所有的水都會結冰。**介於過熱區域與過冷區域之間，讓液態水得以存在的區域，在行星科學中稱作「適居帶」（habitable zone，又稱適居區），代表適合生命存在的區域。**

不過，地表溫度並非完全取決

太陽系的適居帶包含火星？

插圖所示為各行星的公轉軌道面，並以顏色標示出太陽系的適居帶。內側紅色區域因為離太陽過近，故液態水無法存在。例如在這個範圍內的金星，液態水早已完全蒸發、從大氣散逸至太空了。在其外側的黃綠色區域，代表行星在沒有溫室效應的情況下，溫度仍可以讓液態水存在。這個黃綠色區域與其外側的水藍色區域即為適居帶。位處水藍色區域的行星可能有液態水存在，不過這也要視行星上的溫室效應而定（反過來說，如果溫室效應過小，該區域內的行星表面也可能會結凍）。地球位處這個區域中。近年來，科學家把火星軌道也算在適居帶之中。再往外的話，溫室效應便無法維持溫暖的環境，行星表面會結凍。

太陽

水星

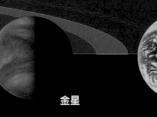
金星

地球

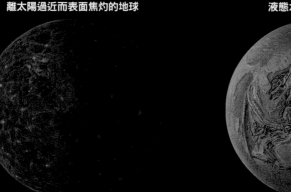
離太陽過近而表面焦灼的地球

液態水全部蒸發的地球

於地球與太陽之間的距離。抵達地球的陽光中，有大約30％被反射、70％被吸收。如果雲或冰更多，使白色部分增加，反而會讓反射率上升導致地球變冷。

影響地表溫度的「大氣」

地球的大氣也會大幅影響地表溫度。大氣的功能就像毛毯一樣（溫室效應），如果大氣的溫室效應消失，地球的平均溫度就會降至零下18℃。地球的實際平均氣溫為15℃，可以看出地球正是因為大氣的溫室效應，才能維持在適合生物生存的溫度。

另外，**行星的大小也十分重要。如果行星太小，就沒辦法抓住足夠的大氣，水也會蒸發散逸。除此之外，還有地球身為岩石型行星、太陽的壽命不短等各種有利條件，才讓地球這個充滿生命的「奇蹟行星」得以誕生。**

適居帶也會隨恆星的亮度、年齡而改變

位於中心的恆星亮度改變時，適居帶的範圍也會隨之變化。恆星變亮的話，適居帶會往外側移動；恆星變暗的話，則會往內側移動。另外，即使是同一顆行星，隨著時間的經過，適居帶範圍也會出現變化。目前太陽正在逐漸變亮（46億年前的太陽其亮度只有目前的70％），同時，適居帶也在逐漸往外側移動。15億～25億年後，適居帶就會移動到地球外側。

火星

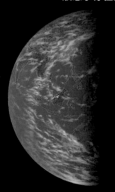

液態水存在的地球

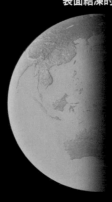

表面結凍的地球

地球與生命的悠久歷史

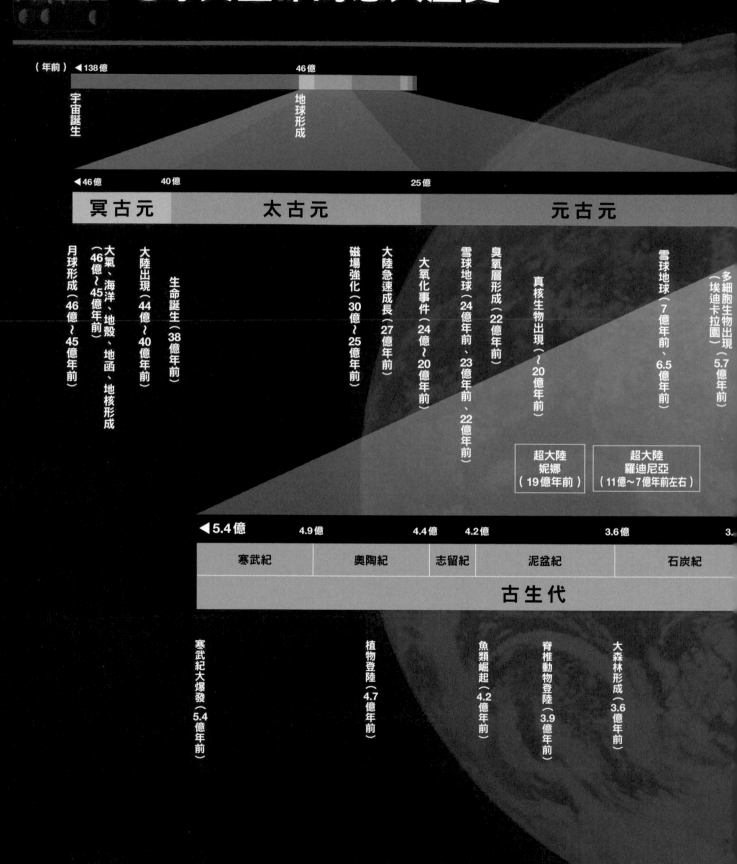

（年前）◀138億　　　　　　46億

宇宙誕生　　　　　　地球形成

◀46億　　40億　　　　　　　　25億

冥古元	太古元	元古元

月球形成（46億～45億年前）

大氣、海洋、地殼、地函、地核形成（46億～45億年前）

大陸出現（44億～40億年前）

生命誕生（38億年前）

磁場強化（30億～25億年前）

大陸急速成長（27億年前）

大氧化事件（24億～20億年前）

雪球地球（24億年前、23億年前、22億年前）

臭氧層形成（22億年前）

真核生物出現（～20億年前）

雪球地球（7億年前、6.5億年前）

多細胞生物出現（埃迪卡拉園）（5.7億年前）

超大陸
妮娜
（19億年前）

超大陸
羅迪尼亞
（11億～7億年前左右）

◀5.4億　　4.9億　　　　4.4億　4.2億　　　　　3.6億　　　　3.

寒武紀	奧陶紀	志留紀	泥盆紀	石炭紀
古生代				

寒武紀大爆發（5.4億年前）

植物登陸（4.7億年前）

魚類崛起（4.2億年前）

脊椎動物登陸（3.9億年前）

大森林形成（3.6億年前）

大陸移動與超大陸

6億年前～3億年前

地球與生命的歷史都悠久而漫長，而現今的地球就是這些歷史結果的體現。就像每個人都有不同的人生，行星「地球」也有自己的歷史。

地球的歷史可大致分成四個「元」。從古至今分別是「冥古元」、「太古元」、「元古元」（上述三個時代合稱為「前寒武紀」）以及「顯生元」。

生命在「顯生元」蓬勃發展，陸續有許多物種誕生，也有許多物種滅絕。**顯生元可以再分成「古生代」（Paleozoic）、「中生代」（Mesozoic）、「新生代」（Cenozoic）這三個時代。**

我們人類在新生代才登場。次頁開始要來一一說明孕育出生命的地球歷史。

2.5億	2.0億	1.4億	6550萬	2300萬	259萬
疊紀　三疊紀	侏儸紀	白堊紀	古近紀	新近紀	

中生代　　　　　　　　　新生代　第四紀

顯生元最大的滅絕事件（2.5億年前）

三大類生物的生存競爭（三疊紀）

巨大恐龍出現與繁榮（侏儸紀、白堊紀）

小行星撞擊事件（6550萬年前）

停滯板塊崩落（5000萬年前）

喜馬拉雅山脈誕生（1400萬年前）

哺乳類崛起與繁榮（5000萬年前）

人類出現（700萬年前）

超大陸
盤古大陸
（2億6000萬年前～2億年前）

2.8億年前～2.2億年前　　　　2億年前～7500萬年前　　　　5000萬年前～現在

直徑數公里左右的微行星互撞生成了地球

距今約46億年前，太陽系在銀河系的角落形成。其形成原因目前尚無定論，有人認為是超新星爆發，也有人認為太陽系是自然而然地形成。

太陽開始進行核融合反應以後，短時間內便匯集了周圍的氣體、塵埃，後來形成了許多直徑數公里左右的微行星。

當時的太陽系約有100億個這樣的微行星。後來，這些微行星彼此相撞、融合，生成了許多原

微行星生成了地球嗎？

微行星的多次撞擊，使原始地球越來越大。但此時的地球一片洪荒景象，很難讓人聯想到現在的「藍色行星」。

始行星。這些原始行星的大小約為目前地球的 4 分之 1 到 2 分之 1 左右。

原始行星持續彼此撞擊，並吸收周圍剩下的微行星，逐漸形成較大的行星。 水星、金星陸續形成後，在塵埃較多的軌道生成了木星，原始地球也跟著誕生。不過，木星和地球誕生誰先誰後，目前尚無定論。

此時的地球樣貌與我們熟知的地球仍有很大的差距。微行星的水蒸氣覆蓋地表，產生強烈溫室效應，當時的高溫可能融化了地表岩石，**形成所謂的「岩漿海」（magma ocean）。**

火星大小的行星在地球形成的最後階段撞上地球。這次撞擊生出了月球。

關於月球生成，目前公認最有說服力的假說為大碰撞說（giant impact hypothesis）：一開始，大小是地球一半左右的原始行星撞擊地球，此時產生的能量與碎片飛散至原始地球的周圍。這些飛散物質被原始地球接收而形成圓盤。在旋轉的離心力作用下，飛散至軌道外側的物質彼此相撞、融合，形成了月球。

在大碰撞之後，地球大規模融化，生成了厚厚的大氣覆蓋整個地球。沉重的鐵從岩石中分離出來，沉澱至地球中心，形成了地核。數百萬年後，數百℃左右的高溫雨水降在稍稍冷卻的地表，形成了原始地殼及海洋。這大約發生在距今46億～45億年前。

巨大撞擊後的
地球模樣

地球內部

金屬下沉
形成地核

行光合作用的生物出現 使多樣的生物陸續誕生

太古元（40億～25億年前）初期的大氣幾乎不含氧氣。為了躲避來自太陽的強烈紫外線，剛出現的生物皆棲息於水中。

| 胺基酸的兩個起源

生物體由蛋白質構成，而蛋白質是由胺基酸組成。關於胺基酸的起源，大致上有兩種說法。一個是太空中的無機化學反應生成了胺基酸，然後掉落至地球。已知某些落至地球的隕石中就含有胺基酸。

另一個說法則是在原始地球環

演化成「共同祖先」（1～3）

地球上的生物皆擁有DNA，無一例外。所有生物都會將DNA的遺傳訊息複製到RNA，再以此為設計圖製造蛋白質。由此可以想像，某個會同時使用DNA、RNA、蛋白質的「共同祖先」在歷史上的某個時間點誕生。目前還不能完全確定最初的生命是由何種分子構成（1-A、1-B）。不過多數學者認為，最初的生命在某個時間點湊齊了RNA與蛋白質，演化至下一個階段（2），之後才演化成會使用DNA的「共同祖先」（3）。目前地球上所有的生命應是由這個共同祖先演化而來。

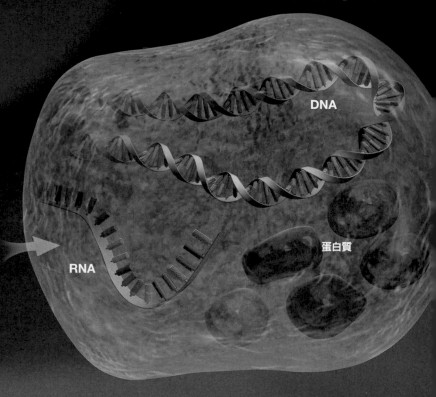

3. 擁有DNA的「共同祖先」出現

1-A. 最初的生命源自RNA？
有假說主張最初的生命始於含有RNA的細胞。

2. 兼具RNA與蛋白質的原始生命
不論是何種假說，都認為最初的生命在某個時間點湊齊了RNA與蛋白質，才進入下一個階段。

DNA

RNA

RNA

蛋白質

RNA

蛋白質

蛋白質

1-B. 最初的生命源自蛋白質？
有假說主張最初的生命始於含有蛋白質的細胞。

境下生成了胺基酸，且很有可能源自於從海底噴出熱水的「海底熱泉」（hydrothermal vent）。噴出的熱水含有高溫的硫化氫、甲烷、氨、氫，可能會相互反應生成胺基酸。以胺基酸為材料可以製造出蛋白質，也可以製造DNA、RNA等。原始細胞攝入這些成分以後就成為最初的生命，這可能發生在大約40億年前。

約27億年前
開始進行的光合作用

生命誕生後不久，便出現了某類生物，可以利用光能來合成生存所需的有機物，但這並非是能夠生成氧氣的光合作用。直到大約27億年前，可以進行光合作用、細胞內有DNA但不具細胞核的原核生物（prokaryote）藍菌（cyanobacteria）才出現。藍菌會分泌含鈣物質，藉此將自己固定下來，經年累月地堆積之後，就會成為下圖所示的「疊層石」（stromatolite）。

於是，藍菌生成了大量氧氣。生物再利用這些氧氣產生更多可利用的能量，最終孕育出「真核生物」（eukaryota）。

行光合作用產生氧氣的藍菌，其分泌物形成了疊層石。氧氣的生成使地球轉變成了如今富含氧氣的環境。

當今動物的祖先
大多出現於古生代

大 約5億4000萬年前寒武紀開始之後，多采多姿的海洋動物紛紛出現，展現各種不同的樣貌。其中，三葉蟲這種擁有堅硬的外殼及骨頭、運動能力發達的動物更是大量出現。**因為**

有許多種生物突然在這個時期出現，故稱為「寒武紀大爆發」（Cambrian explosion）。寒武紀大爆發的原因有多種假說，目前尚無定論。

　　不過，會捕食其他生物的動物、獲得眼睛的動物陸續出現，可能促進了生物的演化。

**┃生物登陸
　形成廣大森林**

　　大約4億2000年前泥盆紀開

所有現生動物的演化系統系出同源

寒武紀大爆發中，形形色色的生物突然大量出現。著名的寒武紀前期化石群 ── 中國雲南省的「澄江動物群」、加拿大伯吉斯山的「伯吉斯動物群」中，發現了雙殼貝類、腕足動物、烏賊及章魚等頭足類等多種無脊椎動物的化石。現生所有動物門在寒武紀大爆發時皆已出現。

始之後，魚類登上了海洋生態系的頂點。其中有部分魚類登上陸地，謀求新的生存空間。鰭轉變成四肢，從鰓呼吸轉變成了肺呼吸，為了在沒有浮力的陸地上支撐身體而演化出堅固的骨骼，成功登陸。**對於脊椎動物而言，登陸是令其身體結構大幅改變的重大事件。**

已知生成氧氣的光合作用是在地球歷史進展至一半左右時開始出現，讓大氣中的氧氣濃度在元古元初期與後期大幅上升，接近現在的氧氣濃度。利用氧氣的動物也得以大肆繁衍演化。

在泥盆紀中期，蕨類植物大型化而形成廣大森林，森林內的蕨類甚至可高達30公尺。進入石炭紀以後迎來大森林的時代，這些森林後來被溼地淹沒，經過長年歲月形成了大量石炭。「石炭紀」這個名字便是由此而來。

在大約 2 億 5000 萬年前古生代末期發生了大滅絕，有 9 成以上的海洋物種、7 成以上的陸地物種突然消失。

這次滅絕事件讓許多原本在古生代繁盛的動物物種遭到沉重打擊，就此改寫了地球的生態系。

君臨陸地、海洋及天空
生態系頂點的恐龍時代

古生代末期突然發生的大滅
絕告一段落之後，地球各
地的生物再次繁盛了起來。

一言以蔽之，中生代可謂「爬
蟲類的時代」。陸、海、空等巨
大爬蟲類持續多樣化，君臨生態
系的頂點。

大陸的分裂與
恐龍的繁榮

大約２億年前進入侏儸紀後，
盤古大陸開始分裂成東西兩塊，

大西洋形成，其他大陸也陸續出
現。同時，各地區也開始出現各
種恐龍。

在美洲與中國等地發現的「蜥
腳類」（Sauropodomorpha）頭
較小，頸部與身體較長。全長超

稱霸地球的恐龍

侏儸紀時出現了體長超過30公尺的巨大植食性恐龍。另一方面，後來稱霸陸地生態
系的暴龍類也是在這個時代演化出雛形。插圖前方的冠龍被視為最古老的暴龍類。
不過，稱霸生態系的恐龍最終在6550萬年前發生的小行星撞擊事件中退出了舞台。

馬門溪龍
（蜥腳類）

泥潭龍

中華盜龍

冠龍
（暴龍類的祖先）

過30公尺，是一種超大型的植食性恐龍。

侏儸紀與之後的白堊紀，各式各樣的恐龍陸續出現、消失。「裝甲類」（Thyreophora）底下的「劍龍類」（Stegosauria）是一種植食性恐龍，背上長有許多像劍一樣的骨板。「頭飾龍類」（Marginocephalia）底下的「角龍類」（Ceratopsia）也是一種植食性恐龍，頭部長有頭盾與角。在各種恐龍中，部分肉食性恐龍的羽毛越來越發達，獲得了飛行能力得以展翅飛向天空，演化成了鳥類。

小行星的撞擊與恐龍的滅絕

不過，在距今大約6550萬年前，直徑10公里左右的小行星撞上墨西哥的猶加敦半島，導致粉塵與氣懸膠覆蓋住整個地球，遮住了陽光，植物的光合作用也跟著停止。導致包括當時位於食物鏈頂點的恐龍，所有生物紛紛滅絕。

演化成鳥類的部分恐龍以及哺乳類艱苦地撐了下來，迴避完全滅絕的命運，即使如此大部分的物種仍直接從地球上消失了。

人類的出現

6 550萬年前的大滅絕使君臨各個生態系頂點的恐龍紛紛消失，原本屬於恐龍的生態棲位空了出來，很快便由哺乳類占據。**距今大約700萬年前左右，最古老的人類「猿人」出現。**

人類最大的特徵就是直立雙足步行。這讓人類的前腳變得自由，可使用各種工具，腦也變得更加發達。

為什麼人類要直立步行呢？

有人認為是氣候變化的影響，因為當時地球整體正在逐漸寒冷化。寒冷化的同時，內陸地區也在乾燥化，導致人類祖先原本居住的森林大幅縮小，不得不改在廣闊的草原上生活。

在草原生活時，直立雙足步行有許多優點。人類的祖先還在森林裡生活時，走路方式就和現在的黑猩猩、大猩猩一樣採用「指背行走」（knuckle-walking），往前伸出拳頭抵著地面前進。

人類開始直立雙足步行後，比指背行走更能適應草原的環境。在廣大的草原中尋找獵物時，直立雙足步行對骨骼與肌肉的負擔較小。另外也有人認為，直立的視野比較好，可以早點發現大型肉食動物等天敵以免遭到捕食。

自登場以來，人類的腦容量越來越大。距今約240萬年前，最古老的人屬動物出現，到了大約20萬年前，現生人類「智人」（*Homo sapiens*）才出現。 ☙

約500萬年前的猿人「地猿」（*Ardipithecus*）是古老的人類。獲得雙足步行能力的人類，腦越來越發達，直至今日。

【 人人伽利略系列 38 】

國中・高中地科
上通天文下知地理！博覽地球科學知識

作者／日本Newton Press
特約主編／王原賢
翻譯／陳朕疆
編輯／蔣詩綺
發行人／周元白
出版者／人人出版股份有限公司
地址／231028 新北市新店區寶橋路235巷6弄6號7樓
電話／（02）2918-3366（代表號）
傳真／（02）2914-0000
網址／www.jjp.com.tw
郵政劃撥帳號／16402311 人人出版股份有限公司
製版印刷／長城製版印刷股份有限公司
電話／（02）2918-3366（代表號）
香港經銷商／一代匯集
電話／（852）2783-8102
第一版第一刷／2023年4月
定價／新台幣450元
　　　港幣150元

國家圖書館出版品預行編目（CIP）資料

國中・高中地科：上通天文下知地理！博覽
地球科學知識
日本Newton Press作；陳朕疆翻譯. -- 第一版. --
新北市：人人出版股份有限公司, 2023.04
面；公分. —（人人伽利略系列；38）
ISBN 978-986-461-329-8（平裝）
1.CST：地球科學 2.CST：中等教育

524.36　　　　　　　　　　112003633

NEWTON BESSATSU MANABINAOSHI
CHUGAKU KOKO NO CHIGAKU
Copyright © Newton Press 2022
Chinese translation rights in complex
characters arranged with
Newton Press through Japan UNI Agency,
Inc., Tokyo
www.newtonpress.co.jp
●著作權所有・翻印必究●

Staff

Editorial Management　木村直之

Design Format　宮川愛理
Editorial Staff　上月隆志
　　　　　　　　宇治川裕
Writer　ながさき一生

Photograph

4	【地球內部】JohanSwanepoel/stock.adobe.com	40	Colorfield/stock.adobe.com	91	気象庁
	【火山】Tanguy de Saint Cyr/stock.adobe.com	50-51	show999/stock.adobe.com	100-101	Jan Will/stock.adobe.com
	【地球と宇宙】janez volmajer/stock.adobe.com	54	斎藤昭雄/stock.adobe.com	104	Velizar Gordeev/stock.adobe.com
5	【大気と海洋】Iakov Kalinin/stock.adobe.com	58-59	Miyuki39/stock.adobe.com	118-119	NASA, Astrogeology Team, U.S.Geological
	【銀河】hosiya/stock.adobe.com	61	oben901/stock.adobe.com		Survey, Flagstaff, Arizona, NASA/JPL/
6-7	Nido Huebl/stock.adobe.com	64	norikazu/stock.adobe.com		Caltech,James Hastings Trew/Constantine
32-33	a_text/stock.adobe.com	66-67	Martinan/stock.adobe.com		Thomas/NASA/JPL

Illustration

Cover Design	宮川愛理（イラスト：Newton Press）	52-53	奥本 裕志		MODIS LandGroup; MODIS Science Data Support
1～3	Newton Press	54-55	Newton Press, 小谷晃司		Team;MODIS Atmosphere Group; MODIS OceanGroup
7	Newton Press	56～63	Newton Press		Additional data: USGS EROS DataCenter（topography）;
9	Newton Press	65	Newton Press		USGS TerrestrialRemote Sensing Flagstaff Field
10-11	Newton Press	67	Newton Press		Center（Antarctica）; Defense MeteorologicalSatellite
12-13	山本 匠	69	Newton Press（地図作成：Dem Earth, ©Google		Program（city lights）.
14-15	Newton Press		Sat.©Bing Sat）	90-91	【風の向き】羽田野乃花, Newton Press
16-17	Newton Press	71～79	Newton Press	92～97	Newton Press
17	田中盛穂	80-81	Newton Press, 富崎NORI	98-99	Newton Press,（地図）J BOY/stock.adobe.com
18～21	Newton Press	82-83	Newton Press（地図データ：Reto Stöckli, NASA	100	Newton Press（グラフ：IPCC第6次評価報告書
22-23	木下真一郎		Earth Observatory）		第1作業部会報告SPM-29）
24～27	Newton Press	84-85	Newton Press	102-103	Newton Press
28-29	Newton Press・羽田野乃花	86-87	【中央の画像】Newton Press（地図データ：Reto	104-105	Newton Press（地図作成：Dem Earth, 地図デー
30-31	Newton Press（地図作成：Dem Earth, 地図デー		Stöckli, NASA Earth Observatory），【左右】木下		タ：©Google Sat）
	タ：©Google Sat.断面の標高図：国土地理院）		真一郎	107～117	Newton Press
35～39	Newton Press（地図作成：Dem Earth, 地図デー	88-89	【右下】Newton Press（地図データ：Reto Stöckli,	120～127	Newton Press
	タ：©Google Sat.断面の標高図：国土地理院）		Nasa Earth Observatory），【左下】NewtonPress,	129～137	Newton Press
41～43	Newton Press		【右上】（地図データ：NASAGoddard Space Flight	138-139	山本 匠
44	【プレート】青木 隆【地殻変動の動向】西村卓也		Center Image by RetoStöckli（land surface,	140-141	藤井康文
	（京都大学防災研究所 地震予知研究センター）		shallow water, clouds）. Enhancements by	142-143	中西立太
45～48	Newton Press		Robert Simmon（oceancolor, compositing, 3D		
49	羽田野乃花		globes, animation）.Data and technical support:		